The Matsuyama Ballet

愛と心のバレエ

ユーラシアの懸け橋に
心を結ぶ芸術の力

和中清 著

清水哲太郎 森下洋子 監修

日本僑報社

監修にあたって

清水哲太郎
松山バレエ団 松山バレエ学校
総代表、演出・振付家、舞踊家

森下洋子
松山バレエ団 理事長、団長、
プリマバレリーナ

　紀元前500年、今から2500年前、人類はアジアの地に、のちの人類の運命を担う、二人の偉人を生みました。それは釈迦と孔子であります。この人類の四大聖人の内のお二人の御両人様の思想を成熟完成させていった大地が今の中国の地です。両方の思想の根底にある目的が、真・善・美にそって、人間を正しく正す、ということであり、具体的な方法論はくり返し、くり返しの修行を継続するという、極めて単純明快、シンプルな営みを教えてくれています。アジアと世界の人類は、そのアジアの二人の偉人によって極めて深い人間の精神性の秩序原理を努力と修練によって勝ち取ってくることが出来、その

二人の思想を学び、収斂してきたアジアの民と世界の人々は、人間としての当然授かる根源的な幸福をもいただいてきました。

　アジアに生まれた二人の偉大な思想的源を大活用し、人間の営みの大活劇に生かし、この先、人間達を更に秩序原理の根底から、素晴らしく美しい生き物に変えていくことは、今を生きる私達人間の第一義的に大切なことだと信じております。

　更には、西欧に育まれた美しい人間精神の極みたる西欧文明心柱でもある人類愛、隣人愛、に代表される愛の秩序原理と、東洋の慈悲の秩序原理が、シルクロードまたはその他の熱いルートで結び合い、溶け合い、混じり合い、消化され、昇華され、全世界に根と枝を広げ、人類の思想哲学、また精神の置き所をはぐくみ、強めてきてくださりました。

　「人類・人間として正しいことを正しくやる」というような、この世に生まれた人間として、自らの心を磨き、高めていくことを通して、人はより良い人生を送り、素晴らしい世界、社会、時代、人生、この世を運営、経営していかなければ次なる誕生するお子様達が悲惨な悪徳の世に翻弄されることでしょう。素晴らしい世界、社会、人生も、日々の日常も、私達一人一人の思いと心の反映そのものです。

　偉人達が生まれてから2500年たった今日、世界とアジアの人類は、成熟してきたかに見えますが、2500年前の人類とさほど変わらぬ心容積と脳容積のままのよう

でもあります。

　世界の封建地盤がほんの少し公正、博愛、平等に近づいたことはあるかもしれませんが、人間の自己愛、自我、利己、エゴイズムはほとんど変化がないというどころか、以前より狡猾、巧妙、頭脳的に自己の欲望を完全満杯にするため、高度なたくさんの方法論を使い、欲満たしを繰り返しているのが現代でもあります。

　真・善・美の、希望のパーセンテージが非常に多い現在世界ですが、まずい面もたくさん生まれてくるこんにちです。現在の世界の情勢物語を心の中の大画面に映し出し劇映画にしてみると、日本人と中国人が手をつなぎ、相抱き合い、信頼しきった大心友として付き合っていくシーンという情景があたたかく浮かんでくる場面が飛び込んできます。そのシーン、情景こそ、全人類へ誇りをもって伝えていく、中国と日本の人と人との「心友物語」です。中国の人々と日本の人々との信頼の絆で櫂を漕いできた尊い数千年、その時にすでに父であり、母であり、兄であった中国が、惜しみなくまだ未成熟で素朴で善良な日本の民に対し、進んだ文明と人間の本質について、手を取りつつ、舐めるようにきめ細かく、そして荘厳にあるべき人類種としての姿勢を教え続けてくれました。中国の人々の美しい人間の文明精神の実行実践方法が、人類史に尊い印を残してくれている現実物語として日本には既に昔から事実としてあったことは周知のことです。特に仏教思想では、中国はインドから入ってきた小乗仏教を、人類のため、大乗仏教に変化させてくだ

さり、さらには……禅という理屈のない思想表現の、極めて高いレベルの芸術的表現様式にまで高め、人類の“光”としてくださいました。それを学んだ日本人は、今日においてまでも全世界に誇る思想表現での超最高レベルの人間像を提出できるようになりました。

　明治以後、長い間、アジア・中国・東洋人の緻密な感性で育てられた日本人は、次に出会った西欧文明の巨大さに圧倒され、また日本人のまじめな勉強好きの性質から、今度は西欧文明を、世界の数ある人種の中でも特別ないきおいで学び、深く吸収し、西欧の出先機関としての地位も確保してまいりました。しかしそれはヨーロッパの白人社会が作り出した世界秩序体系の極東の有力な出先機関として、大活動を始めた日本の姿でもありました。このような中で、武力が強ければ何をやっても良いという覇道の道を西欧から学び選んでいった日本は、日本の罪なき人々を残酷な戦争に駆り立て、無垢な中国の人々を、傍若無人に苦しめ、精神を迫害し、極限悲惨な状況へ追い込んでいきました。戦争加害者日本が、何に、どこに染まっていったのかが目を凝らすと際立って見えてきます。結局アジアにおける日本の狂気のような傍若無人さとアジアと世界への犯罪的挑戦が招いた原子爆弾投下。そのような人間・人類社会の思いやりのある優しさ溢れる調和と幸福、進歩と発展を無視して、無理やり前へ出ようとした日本近代の末路は、長い間、アジアの伝統や中国・全世界から取り入れようとした人間精神の美しさの視点から見れば、極めて狂った愚かしい人種差

6

別的、覇道的強引極まりない、非常に愚かな所作の実行でありました。

　私達、まじめで真っ正直、誠実な日本人が、人間としてあるべき姿をやらねばならない行動は、優れた近代技術、テクノロジーを西欧から学んだとしたら、極東アジアの民とそのエッセンスの素晴らしさを分かち合い、共に味わい、共に活用し合う、という、人間としてあるべき姿の基本基礎中の根本を、奢りなく謙虚に分け合い、譲り合い、分かち合い、共に喜び合う、人間の高徳の姿勢を貫くことだと思います。数千年に渡り中国は日本に無償の愛情を注いできてくれました。なぜ、これほどまで親密で家族のような東アジアのファミリーに、東アジアの隣の家々に、日本が少しばかり優れたテクノロジーを西欧から手に入れたのなら、お裾分けしたり、分かち合ったり、お届けしたりしなかったのでしょう。まったくのところ軍部にぎゅうじられた日本の姿は、西欧の帝国主義列強の表面だけをなぞる不可思議な考え方とひどい行為を続けてきた、と今さらながら思います。人間・人類として人間としてほんとうに正しいことは何か！という思想がかけていたからなのでしょうか。

　私達は、中国の人々が、数千年にも渡り、私達に人間精神の美しさの基本を、礎を、惜しみなく伝えて下さり、その事の上において、日本の地に住む古代からの日本人が、心たおやかに、人としての生き方を全うでき、その後に訪れる人間精神飛躍期を、極端な誤りも無く進ませて頂けたことに強く深謝の念を持つものです。

そして、その後に近代で恐ろしい悪魔的行動をとって
しまったことを厳しく省み、これからの日本人の、アジ
アにおける行動様式、全世界へ貢献する活躍基準にしっ
かりと固定して、私達は覚悟をもって前へ進んでいく所
存であります。

　私ども松山バレエ団は戦後国交回復以前から政治関係
が難しくなっておりました中国日本文化交流関係におき
まして、クラシックバレエ文化芸術を土台として、中国
の皆様との魂の交流を積み重ねて参りました。なぜ？？
それは近代日本人が東アジアにおよぼした占領・植民・
侵略・征服・覇権・抑圧・強権・従属支配・差別の悪魔
力行使の陰でどれほどたくさんの人間達が苦しみもがい
てきたかという責任を、とり続ける、認める、謝る、詫
びる、ということを多くの日本人が、端正に、率直に、
簡素で聡明、謙譲に、表現できなかった！というたった
ひとつの単純な〝しぐさ〟のことができていなかったと
いうことなのです。それがなぜ「白毛女」を日本人が苦
労を重ねて創り、踊り、中国の皆様へ日本人の本当の心
の内側を示す機会をつくろうとしたかの答えなのです。

　松山バレエ団と中国との交流は、松山バレエ団創始者
である清水正夫、松山樹子の「クラシックバレエという
芸術をもってして、日本と中国の文化交流の熱い橋を架
ける」との燃える思いで始まりました。見返りを求めず、
数千年に渡って日本に人間としての文明文化精神の根底
を解きほぐして下さった中国への深い感謝と、同時間の
上で、悲惨で残虐な戦争の原罪と痛みを、日本人の代表

として背負いながらも、芸術文化で中国の人々と日本の人々との心と心を必死・決死の思いで結んでまいりました。

　中国国交回復前の厳しい状況下にありましても、中国国交回復後でありましても中国の庶民は、私達松山バレエ団を暖かく受け入れて下さいました。そして私たちも中国の人々を世界で最も大切に思おうと慈しみ、原罪の呪いを一糸一糸伸ばすように友誼を深めさせていただく年月を過ごして参りました。

　松山バレエ団は、「芸術は人を選ばず！」「芸術は美しさ、醜さ、美醜の差別の念を持たず」ということを信じており "芸術は人々の幸福のためにある" との理念のもとに歩んでまいりました。

　中国から何千年も前より日本に文化文明の、「何をもってしても返すことのできない巨大な恩を与えていただいた」のに、戦争という悪魔的行為を反省もせず戦後を過ごし、日本人としての原罪を背負う覚悟も固めないまま今まで来てしまいましたが、松山樹子・清水正夫が世界で初めて中国で歴史叙事詩のクラシックバレエ「白毛女」を踊り創造したことから始まる日中バレエ芸術文化交流史には、厳然と強い意志「感謝と謝罪」がひそんでいるという事実を、中国の多くの人々が理解して下さっています。中国の人々と共に芸術文化を通して、人間信頼交流を続けさせていただいてから、既に65年がたちました。私達は、人々の心を一つにする芸術の力を確信し、先人が命を差し出して築いて下さった中国と日本の真の文化交流の歴史を通じた絆の結び目を大切にして、

平和への祈りを込めて、これからも踊り創り働き続けていきたいと思います。

こんにち国際情勢は対立がますます深まり、複雑化しているようにみえますが、今後とも永遠に変わらないものは、心友は共に大切なものを優しく分かち合い、思いやりをもって譲り合い、熱い心で助け合うということと、中国の人々が私達日本人を愛してくださり、また私達が中国の人々を最も愛するという切々たる思いを大切に深めていく事だと思っています。

私共、松山バレエ団は多くの先人、時代、仲間、たくさんの人々、から「世界中の叡智を松山バレエ団の実際に役立て時代と人間の精華としよう！」というフィロテーヌ（愛）を学んでまいりました。それこそめくるめく、目には見えない素晴らしい真理に囲まれて育ってきている私達人間は、喜び勇んできっぱりと、今という現在の前方を直視し、過去から生まれた記憶から学び、未来から生まれる期待から熱を得て、今この一瞬一瞬を全力で走り抜けようと、必死で歯をくいしばる姿を理屈なしで尊いと感じております。

松山バレエ団が歩んで参りました道のりを振り返り、日中国交正常化から50年が過ぎ、日中平和友好条約締結45周年の節目にこの本が刊行されますことに本当に深い感慨を覚えますとともに、この誠実出版に御尽力いただいた皆様に心より感謝申し上げる次第でございます。また、就任早々松山バレエ団にご訪問くださった呉江浩中華人民共和国駐日本国特命全権大使および陳靜文化部

公使参事官のご尽力に深く御礼申し上げます。そしてア
レグレットの大活躍をして頂いた和中清先生に、心から
の感謝を捧げるものでございます。また、段躍中代表を
はじめとする版元の日本僑報社の皆さまに御礼申し上げ
ます。

　この本が出版されましたことを未来無限に向かって変
質なき私達松山バレエ団の日中心友友好への決意とした
いと思っております。

　そして一人でも多くのアジアと世界の皆様、日本と中
国の人々、ことに未来に輝く日本と中国の友好を託さね
ばならない少年、少女、青年、乙女の皆様にお読みいた
だけたら非常にしあわせと思っております。

　私達の希望のかたまりは、誕生者、幼年、若者、少女、
乙女、女性、少年、青年達でもあります。その彼・彼女
達の今とこれからのこの世を、明るく喜びのパーセンテ
ージが少しでも多く、時代を、平気！平気でプリエ ジ
ュッテ アンナヴァンする為、人類の生存の原理原則を、
こうして学習させていただき、実験実践させていただい
ていることに、心からの感謝を捧げます。

　　　　　　　　　　　　　　　　　　　　2023年盛夏

目　次

はじめに

　筆者はこの原稿を書くにあたり松山バレエ団とその創立者の清水正夫氏、松山樹子さんご夫妻のことを知るにつけ激しい衝撃と感動を受けた。

　松山バレエ団は1948年にご夫妻により設立された。そして1955年に世界で初めてバレエ「白毛女」を上演し、1958年に周恩来総理の招きを受けて初めて中国でバレエ「白毛女」を上演した。以後、現在まで継続して中国との交流、公演を続けている。その間、文化大革命や日中国交正常化、改革開放など、いろいろな出来事があった。

　中国の民間物語である「白毛女」を初めてバレエで踊り、さらに中国のことを想い、日中友好を願って揺るぎなく交流を続けたこと、その信念の凄さ、素晴らしさに凄く感動した。

　この本で筆者が明らかにしようと思った五つのことがある。一つは清水正夫氏、松山樹子さんが「白毛女」のどこに感動し、なぜバレエに取り入れようと思ったのかである。

　この「なぜ」が人間の、世界の、中国と日本の最も大事な意義の深層である。

　「白毛女」は虐げられた農民たちが、自分たちを解放するテーマである。そのドラマと主人公の喜児の何に感動しバレエで表現しようとしたのか。「白毛女」を踊る松山樹子さんの写真がある。真正面をきりっと見据えた眼は何かを訴えているように思える。その何かを第一章

で取り上げた。

　二つには、これまでの松山バレエ団が歩んだ足跡を振り返り、そこに中国の人々とのどんな心の交流と感動があったのか、エピソードを交えて第二章で取り上げた。

　三つには、松山バレエ団と中国との友好の懸け橋は周恩来により築かれ、清水正夫氏も松山樹子さんも周恩来の人間性、その人柄に感動し、それが支えとなり中国との交流を続けた。第三章で周恩来と松山バレエ団の心の交流を振り返る。

　四つは、文化大革命の時すら途絶えることなく続いた友好、それを支えたものは何か、そのエネルギーはどこから生まれたのか、ことに松山樹子さんの喜児への想い、喜児の心と一つになるためにどんな心で「白毛女」に取り組んだのかを第四章で考える。

　五つ目は、これからの松山バレエ団である。松山樹子さんは松山バレエ団が創立70年の節目を終え、それを見届けるかのように2021年に他界された。松山バレエ団は今、清水哲太郎氏、森下洋子さんに引き継がれ、さらに次の世代に引き継がれていく。これから松山バレエ団と中国との友好はどのように進むのだろうか。松山バレエ団を支えた団員たちが演じた「白毛女」は未来の団員にどう引き継がれていくのか。松山樹子さんと森下洋子さんが踊る喜児は、「今も私は生き続けているわよ」と呼びかけている気がする。喜児はこれからどんな成長を見せてくれるだろうか。第五章でこれからの松山バレエ団とバレエ「白毛女」、そして未来の喜児についてまとめた。

　松山バレエ団は日中友好に多大な貢献をした。1958

年に侵略の傷跡も癒えない中で松山バレエ団を受け入れた中国にまず感謝をしなければならないと思う。そして日本の右翼と左派からでさえ、その双方から攻撃される困難な状況のもとで、中国との友好を続け、今私たち日本人が安心して中国との交流を続けられる、その礎を築いた松山バレエ団に日本人としても感謝しなければならないと思いこの著を書いた。

　この原稿を書くにあたっては松山バレエ団から筆者に贈られた清水正夫氏の著作、『バレエ「白毛女」はるかな旅をゆく』（講談社、1983年）が非常に参考になった。この著の原稿を書くにあたり松山バレエ団総代表の清水哲太郎氏と理事長・団長の森下洋子さんには励ましの言葉もいただき、歴史的にも価値ある中国との交流の貴重な写真も提供していただきお礼申し上げます。また、公演事務局広報の松本佳織さんに大変お世話になり、バレエ団の団員の皆様には東京南青山の稽古場や公演会場でお目にかかり心に残る歓迎をいただきました。この場をお借りしてお礼申し上げます。

　またこの著を出版するきっかけにもなった北京の東方出版社の呉常春氏、本書出版にご尽力いただいた日本僑報社の段躍中氏、段景子さんはじめ皆様に心よりお礼申し上げます。

　お読みいただくと、きっと松山バレエ団と中国の人々との心温まる交流とすばらしいバレエ劇「白毛女」を創り踊る、清水正夫氏、松山樹子さん、清水哲太郎氏、森下洋子さん、そして団員たちの心の軌跡も見えてくると思う。

松山バレエ団と
バレエ「白毛女」の誕生

「大きく踊りなさい」で始まった
松山樹子さんのバレエ人生

　松山樹子さんは1919年に鹿児島県の霧島市隼人町で生まれた。鹿児島は日本の革命、明治維新の中心人物の一人、西郷隆盛の出生地で、鹿児島は薩摩とも呼び、そこで生まれ育った男性を薩摩隼人とも呼び、日本で気骨のある男性の代名詞のような言葉である。

　そんな鹿児島で松山樹子さんは生まれた。この著で述べるように松山バレエ団の中国との交流には清水正夫氏と松山樹子さんご夫妻の強い意志、心の強さが原動力になっている。

　女性ではあるが松山樹子さんは生まれ育った鹿児島の隼人の血を引き継いでいたのかも知れない。松山樹子さんはその著、『バレエの魅力』（講談社文庫、1978年）でお母さんのことに少し触れている。「私の母は、鹿児島で生まれました。母が私に残してくれたものが、蛇皮線の音色と、"踊りは大きく踊りなさい"ということばでした。素朴ですが、ずっしりと心に残るすばらしい教えだと思います」（『バレエの魅力』）と語っている。

　大きく踊りなさいはきっと"大きく生きなさい"でもあったのだろう。松山樹子さんの生き方を見ているとふとそんな気もする。

　1935年、松山樹子さんは高等学校在学中に東京のど真ん中に建てられた日本劇場に新しく設立されたバレエ科第一期生の試験を受け、そこで支配人の秦豊吉氏、そ

して結婚して日本に住んでいたレニングラード国立マリンスキー劇場バレエ学校出身のオリガ・サファイア女史と出会い、お二人に認められて日本劇場で日本において初めての日本人職業バレエ芸術家となったのがバレエ人生に踏み出す出発点ともなった。試験では約100人から15人が選ばれた。松山樹子さんが13歳の時だった。

　松山樹子さんはそのことを次のように語っている。

　「そのころの私は、背は伸びていましたが、ものすごく痩せていました。小さい頃から踊りが好きで、踊り上手と言われて育ってきましたが、正しいバレエのレッスンは受けたことはなかった。一からバレエを習うというときに、オリガ・サファイア先生に手ほどきを受けたことは実に幸運でした」（『はるかな旅をゆく』）

　こうして松山樹子さんはバレリーナの道を歩み始めて十五歳の時、初めて本場のチュチュ（バレエ衣装）を着て舞台に立ち、サンサーンス作曲の「動物の謝肉祭」で「瀕死の白鳥」をソロで踊った。それがバレリーナとしての第一歩だった。

松山バレエ団の誕生

　一方、清水正夫氏は1921年（大正9年）、東京の三河島で生まれた。1945年（昭和20年）に日本大学工学部を卒業、東京大学工学部建築学科で学び、一級建築士の資格を持つ建築家だった。信仰を持っていた父親の影響で若い時から仏像が好きで、しばしば奈良の法隆寺に出

かけた。そんな清水氏は学生時代に演劇好きの友人に誘われ日本劇場に通うようになり、そこで松山樹子さんと出会う。

　松山樹子さんは、日本劇場でオリガ・サファイア女史とロシアバレエの共演をして後、1940年に日本劇場から東洋音楽学校（現東京音楽大学）本科ピアノ科に移り入学する。幼い頃からクラシックに馴れ親しんできた松山さんにとって、音楽もバレエ同様に大きな魅力だった。しかし、音楽を学びながらも体全体で表現するバレエの魅力から解き放たれる日はなく、1941年（昭和16年）に東バレエ団に入り、再びバレエの舞台に立った。

　当時の日本の社会情勢は、日本が真珠湾攻撃を行い太平洋戦争に突入した時代である。

　「日本の国民の生活は苦しくなる一方で、心の底で戦争を嫌いながら、逃げ出すことも戦争反対を叫ぶこともできなかった。世の中がこぞって戦時体制になり、バレエなど踊るだけでも冷たく見られる風潮になった」（『はるかな旅をゆく』）と松山樹子さんは当時を述懐している。外国の舞踊を踊るとは何ごとかと軍人が稽古場にどなりこんできたこともあった。

　当時日本では横文字の言葉（英語）を使うことすら禁止され、スポーツなどで使う英語が日本語に置き換えられた。

　日本の敗戦直後の1946年（昭和21年）には第一次「東京バレエ団」（注　現在の東京バレエ団とは異なる）が結成され、帝国劇場で「白鳥の湖」が一カ月に渡りロ

ングラン公演され、松山樹子さんは日本初の「白鳥の湖」全幕公演に出演した。この一カ月に渡る公演は現在においてもクラシックバレエ界では破られていないエポックメーキングな歴史である。そして1947年に松山樹子さんと清水正夫氏は結婚した。既に日本の有名バレリーナだった松山樹子さんの結婚は日本の新聞でも大きく取り上げられた。

　一方、清水正夫氏は大学卒業後、建築家として内務省国土局技術官の試験に合格し、茨城県庁に派遣されていたが「精神的な満足が得られる生き方はないか」と考えていたこともあり、独立して二人で「松山バレエ団」をやって行こうということになって内務省を退官し、東京・青山に「松山バレエ団」が創設された。だが、自分達の稽古場はなく、幼稚園の教室を借りてのレッスンが始まった。

バレエへの献身

　その後、いつまでも幼稚園の教室を借りてレッスンを続けるわけにもいかないので、自宅の横に稽古場をつぎ足すことになったが、当時の経済的に苦しかった状況を松山樹子さんは次のように語っている。

　「ひとつのバレエ作品をつくるにもお金がいるし、団員をかかえ、バレエ団を維持するだけでも精いっぱいで、とても稽古場の建築費なんかありませんでしたから、哲太郎をおぶって私の日劇時代から知っている清水（ご主

21

人）の親友のところにお金を借りに行きました。ほんとうにたくさんの方の助けによって松山バレエ団は少しずつ歩みはじめていった」（『はるかな旅をゆく』）。

　稽古場と住まいが一つ屋根の下にありバレエと私生活の区別もないなかでバレエに取り組んだ。終戦後の混乱期で食糧も思うように手に入らない時代にバレエをやっていくのは並大抵のことではなく、よほどバレエが好きでないと続かなかったと言う。

　そんな苦しい中にありながらも松山樹子さんは、良いバレエ作品とはどういうものだろう、ただ愛だとか、別れだとかの決まりきった作品ではなく、人々に心から感動してもらえる、しっかりした原作をバレエにしてみたいと思い続けた。

　清水正夫氏と松山樹子さんは、バレエによって人間が生きた証、人間の魂を表現したいと一途に考えたのではないか。手、足、目、表情、身体の全てが人間の魂とつながり、成熟した魂があってこそ見る人に感動を与える踊りができると思い続けたのではないだろうか。

　そして日中戦争から太平洋戦争へと、青春時代を戦時下で送り、遠回りしてしまった松山樹子さんの前に、突然現れたのが、中国でつくられた映画「白毛女」だった。

映画「白毛女」との出会い

　『はるかな旅をゆく』には、清水正夫氏と松山樹子さんが映画「白毛女」と出会った時の感激が記されている。

その出会いを語る前に少し「白毛女」について述べる。

　映画「白毛女」は中国、河北地方の人々に伝わる伝承をもとに1944年にオペラとして初演されたものが映画化された。

　そのあらすじは次のような内容である。

　「時は1930年代の封建時代の秩序におおわれた中国の大地で、大多数を占める農民の日常生活は大変苦しいものでした。そんな中、極貧の農家に生まれながらも、たくさんの人々に人間精神の喜びの尊さを与える児として"喜児"（シーアル）と名付けられた少女は、とても美しい乙女に成長し、村の青年大春（ターチュン）との結婚が決まっています。今日は大晦日、喜児は大地主黄世仁（ホワンスーレン）の家に呼ばれたまま戻ってこない父のことを案じていました。父は地主の悪辣な計画によって背負わされた借金のかたに娘喜児をさしだせ、と強要され、それに抗い家まで逃げてきたものの、父は殺され、喜児は連れ去られてしまいます。地主の家に連れてこられ、奴隷として売られそうになった喜児は、家で働く張おばさんの助けで逃げ出し、生き抜くため、険しい山の奥深くに逃げ込みます。長い雪山での生活で、喜児の長い黒髪は真っ白くなっていました。喜児は雪山で、この時代のもと、同じ境遇にさらされ、苦しみに喘ぐたくさんの女性達、たくさんの喜児たちの悲しみを平和への祈りに昇華し、共振し、踊ります。そのころ、里村はならずものたちや地主の悪を一掃してくれる親人（チンレン）たちが来てくれるとわきたっていました。その中に喜児の

婚約者、大春がいました。大春は、ないない廟のそばに
化け物が出るとの噂があり里人が恐れていたので、その
化け物を追払いに行きました。その化け物は、雪山での
生活で野生と化した喜児であり、そこで再会を果たした
大春と喜児、そして二人を中心とする民たち全員が新た
な時代への改革、革新の決意に燃え、沸き立つのでした。」
（松山バレエ団公式HP「白毛女」あらすじ　http://www.
　matsuyama-ballet.com/newprogram/bai_mao_nu.html
　より）

　映画「白毛女」は元社会党の政治家だった帆足計氏が
訪中時に中国文化紹介のために周恩来から受け取り持ち
帰った35ミリの映画フィルムを日中友好協会に託し、
協会の協力により日本各地で上演された。
　その映画を見て清水正夫氏は、「私が、たまたまこの
映画をみたのは東京の下町の小さな会場でした。私は感
動のあまり、ほとんど涙なしにみることはできませんで
した。松山も、私に誘われ追いかけるように方々の会場
へ〈白毛女〉を見にいきました。私たちの心をとらえて
離さなかったのは、虐げられている農民たちが、自分た
ちの国を解放していくというテーマでした。私たちは心
から共感を覚え、このドラマの主人公、喜児にも深い同
情を持ちました」（『はるかな旅をゆく』）と「白毛女」
との出会いを語っている。
　また清水氏は後に新聞社のインタビューで次のように
も述べている。

「二人で日本人の持ち味を生かせる創作バレエの題材を探していたところで、農民や女性解放のテーマといい、主役の劇的な変身といい、創作バレエにぴったりの感じだった。

松山バレエ団は、発足当時からクラシックバレエの上演と、新しい創作バレエの上演を車の両輪のようにして踊っていくことが方針だった。そして日本人の味を生かした創作バレエということで生まれたのがバレエ〈白毛女〉だった」

1972年に中国上海舞劇団が来日し「白毛女」を公演した。その時、ある舞踊評論家が新聞で西洋クラシックダンスの技法を取り入れトゥシューズを履き、歌を唄い、チュチュでなく中国農民のズボンでバレエを踊ることに驚きの評を載せている。

松山バレエ団がバレエ「白毛女」を日本で初めて公演したのは1955年で上海舞劇団の来日公演の17年前である。清水正夫氏と松山樹子さんが「白毛女」をバレエに取り入れた発想がいかに斬新で世界とアジアにおいて、中国と日本において革新的な事だったのかがその評でもわかる。

日本人に生きる勇気を与えた喜児

映画「白毛女」が日本で上映された時、その上映とストーリーを巡りいろいろな意見があった。「白毛女」の上映を中国と日本の複雑な政治的背景に無理に結び付け

る意見、「白毛女」の上映は共産主義革命の宣伝、共産主義のプロパガンダであるとの保守主義者たちからの笑えるような差別投稿もあった。日本で多くの人が映画「白毛女」を見て大きな反響があったことも、主役の喜児と許婚（いいなずけ）の大春のお涙頂戴のメロドラマが日本人の心情に受けたとか、左派労働組合団体の組織的動員の結果などの意見もあった。

　だが、映画「白毛女」に多くの日本人が涙を流したのはそんな薄っぺらな、メロドラマ的感情でもなく、また労働組合団体による社会主義への共鳴などでもなく、純粋に当時の日本人の心情、日本人の心の深層に、困難を乗り越えようとする、人間としての屹立した誇るべき、めげず、くじけずの心が映しだされた映画が重なったからだと思う。

　映画「白毛女」が自主上映されたのが1952年（昭和27年）、一般公開は1955年である。戦後7年から10年が経った時だった。

　侵略戦争の日中戦争、その延長線上の太平洋戦争で多くの日本人は、ある日突然、"赤紙"と呼ばれた政府による兵隊召集の令状1枚で戦場に送られた。

　一夜にして手に持つペンが銃や軍刀に変わった多くの学生もいた。軍隊に招集された多くの人は、自らの生業に従事し工場で働き、商売を営み、山村で田を耕し、日々平和に家族を養っていた。それがある日突然、思いもしなかった見ず知らずの異国の人々と殺し合わねばならない境遇に我が身を置かれた。

　悲惨な体験は戦場に送られた兵士だけではない。残された家族も同じである。広島や長崎で何の罪もない多くの人、幼い子供までが原爆で死に、空襲で焼かれて生きて地獄を体験した人も無数にいる。原爆や東京、大阪などへの大空襲は無差別大量殺戮という人類が犯した最大の罪の一つである。広島、長崎、東京や大阪の街は爆撃で瓦礫の街となり、生き延びてもその後の窮乏が国民を襲った。日本人全てが軍国主義の嵐に翻弄された時代だった。

　映画「白毛女」の上映は、そんな体験が日本人の心の深い傷となり、鮮明に記憶され、その恐怖が夢に現れる、そんな日々を過ごしている時だった。街を歩けばいたるところに戦場から帰った、手足をもぎ取られた傷痍軍人が松葉杖に寄りかかり立つ姿が見られた。

　多くの日本人は社会主義がどうとか、プロパガンダがどうだとか、恋物語への共感だとか、そんなことには関心がなかっただろう。映画を見た多くの日本人が主人公の喜児に自分を重ねて思ったのは、ただ、「生きる」の一言でなかったのかと思う。貧しい農民の娘、喜児が悲惨な境遇と戦いながら生き抜く姿に自身を重ね、涙したのだろう。

　また無理やり兵隊として中国戦線に送られ、中国の人々に残虐の限りをつくし日本に帰った人も慚愧（ざんき）の思いで映画を見ただろう。加えて、「白毛女」は敗戦のどん底から立ち上がり、希望に向かい必死にあえいでいた日本人に湧き上がる感動、共感を与えたのではないか。

27

涙で光っていた観客の目

　松山樹子さんは「白毛女」ほど、好きな作品はないと言う。そんな松山樹子さんを見ながら「白毛女」を自分自身のように思っていると清水正夫氏は語る。戦後の苦しい時代に「白毛女」を踊れたということは、何よりも「白毛女」に感動したからだった。

　松山樹子さんは青春を軍国主義の暴力、異常な時の流れに翻弄された自らの心を喜児に重ねて、そんな時代から立ち上がる勇気と希望を、喜児を踊りながら思い描いたのだろう。松山樹子さんが映画「白毛女」を見てその感激を語った時の"遠まわりしてしまった"の言葉に当時の松山さんの心中が凝縮されている。

　13歳で日本劇場に新設されたクラシックバレエ科に第一期性として入団し、東京で暮らした松山さんは大空襲も経験しただろう。戦時体制下、バレエを踊るだけでも冷たく見られ、批判され大変な想いをしたと思う。

　当時の日本人は軍国主義の被害者である。だが一方で、当時の新聞も含めて戦争を支持して中国各地への進軍に喜びの声を上げた人もいた。そのため非常時にバレエを踊ってと攻撃され日本人からも冷たい目で見られただろう。

　松山樹子さんは、恩師の東勇作氏が海軍にとられ、バレエ団の人たちも皆いなくなる中で、たった一人でレッスンを続けた。いつ舞台に立てるかわからないのに、永

遠にそんな日はこないかもしれないのにと思いながら。

　悲惨な境遇に会いながらそれを乗り越え、未来に向い生きる喜児の姿は松山樹子さん自身の姿、思いでもあった。

　バレエ「白毛女」の初回公演は1955年2月12日に東京、日比谷公会堂で行われた。

　その初演の思い出を松山樹子さんは後に語っている。

　「あふれるような観客の熱い視線を一身に背負って、無我夢中で踊りました。幕が下りると同時に、割れるような拍手が響きわたりました。アンコール、アンコールの声です。明るくなった客席をみると前列の観客の目には、涙が光っているのです。ハンカチを握りしめて、泣きじゃくっている人もいます。カーテンコールで一列に並んだ舞踊手たちも、興奮を押さえきれずに涙を流していました」（『はるかな旅をゆく』）

　それまでバレエをみて観客が泣くなんてことは全く無かったと言う。

　バレエ「白毛女」を見て涙を流したのも、辛い体験をしながらも新しい時代に向かう喜児の姿に観客が自身の姿を重ねて見たからだろう。バレエ「白毛女」が喜児の生きる姿と新しい時代に向かう中国人の姿を生き生きと演じたからだろう。

躍　動

　松山樹子さんにとって、周りの人が戦争にとられて一

人、鏡の前にたちレッスンに励んだ日はいちばん辛い時代だった。そして戦争が終わったときは、蘇る思いでいっぱいだったと当時を振り返り語っている。

バレエで最も大切なことの一つは"躍動感"と思う。踊りに躍動感が無ければ見る人に感動を与えないのではと思う。そして躍動感が生まれるのは身体能力もあるだろうが、大切なのは心の躍動感でないかと思う。心に躍動感をもたらすのは希望であり、何かが変わる、変えられるという未来への希望だろう。

清水正夫氏は映画「白毛女」を見た時、喜児と新中国の未来への希望を創作バレエで表現したい、それは清水正夫氏と松山樹子さん、松山バレエ団の未来への希望とも重なる、そんな想いになったのではないだろうか。

バレエ「白毛女」を公演した時、日本の新聞である評論家は「変わったバレエ」と紹介している。清水正夫氏もバレエ「白毛女」の評には意見が分かれたと語っている。

「〈白毛女〉は知的程度が低い人にも分かりやすく面白く描いた大衆劇」と新聞で評した専門家もいた。美しいものに出会った時、心に感動をもたらすのはその人の知的レベルでなく、その人の人生体験から生まれる洞察力や感受性だろう。その人に感動を呼び起こす心の素地がなければ、人は過飾の美、虚飾の美を美しいと感じる。知的レベルの言葉で批評したその専門家もきっと虚飾の美を真の美と感じる似非専門家だったのだろう。そんな専門家が頭に描く複雑な美より、素朴で純真な姿に人は

感動した。それが美を思う心と思う。

　第四章で述べるが松山樹子さんが好きな本にルソーの
『告白』がある。『告白』にルソーが敬愛するヴァラン夫
人について語る次の文がある。

　「ヴァラン夫人の家には、私がトリノで見てきたよう
な豪華はない。その代り、小ぎれいで、きちんとして、
少しも虚飾をまじえない純朴なゆたかさがある。銀食器
はほとんどなく、錦手の磁器などもない。料理場に季節
の鳥獣もないし、穴倉に外国のぶどう酒もない。しかし
みんなをもてなすだけのものはちゃんとそこにそろって
いる。そして、模様物の陶器の茶碗でおいしいコーヒー
を出してくれる」（ルソー『告白録』井上究一郎訳、新
潮文庫、1958年）。

　バレエ「白毛女」を見て涙した人たちはきっと松山樹
子さんの喜児に心の躍動を感じ、素朴で純真な美を見た
のだろう。

　バレエ「白毛女」は日本でも長年に渡り公演が続いて
いる。松山樹子さんが一代目「白毛女」、森下洋子さん
が二代目「白毛女」、そして三代目、四代目に受け継が
れる。松山樹子さんが踊った喜児の時代からは社会も豊
かになり日本人の美意識も変化して過飾の美に人々が感
動する時代の一面もある。現在まで続く松山バレエ団の
「白毛女」公演はそんな日本社会にも一線を投げかけて
いるのかも知れない。飾らない、素朴な喜児の姿にこそ
真の美があるのだと。

信じる道をゆく

　松山バレエ団がバレエ「白毛女」を日本と中国で初め
て公演した時代は、日本と中国の国交も無い時代で、日
本では、中国国民の苦しみ、全ての国民が虐げられた極
貧の生活を送らざるを得ない状況など、そんなことも顧
みない、人としての心も持たない右翼による反中活動も
激しい時代だった。

　会場の日比谷公会堂を借りるには会場使用料相当の資
金があるということを保証するための見せ金を貸主に提
示しなければならなかったが、当時の松山バレエ団には
その資金がなく親戚に頼み資金を集めた。また公演チケ
ットの発行は税務署の事前許可を受け、入場税を税務署
に前払いしなければならなかった。その資金に困った清
水正夫氏と松山樹子さんは自宅の土地を担保に資金を確
保した。

　「白毛女」を演じる松山樹子さんの写真がある。真正
面をきりっと見据えた眼、天に向かいまっすぐ伸びた手
指、まるで宙を飛んでいるようにまっすぐに伸びた手足、
何かの思いを大地に伝えるかのように、トゥーシューズ
の先に想いが込められているかのような、ぴんと伸びた
つま先立ちの足。その写真は松山樹子さんが、「私は信
ずる道をゆくわ」と心の中で叫び、踊っているようであ
る。

　先の『告白』にルソーがヴァラン夫人への想いを告白
する件がある。

「白毛女」の松山樹子さん

「彼女（ヴァラン夫人）は二心やうそをきらった。正しく、公平で、人間味があって、無欲で、自分の言葉、友人、当然とみとめる自分の義務、そういうものにはあくまで忠実であり、復讐したりうらみをいだいたりはできず、人をゆるすということに何の"もったい"をつけようとも考えなかった。自分の好意がどれだけの価値をもつものであるかなどということは考えず、決してそれをいやしい打算に用いなかった。彼女はこの世の生活で真のたのしみをただ一つしか知らなかった。それは愛する人をよろこばせることであった」

　松山樹子さんは喜児やヴァラン夫人に自己を重ね、そのようにありたいと心で思いながら踊っていたのではないだろうか。

　筆者は中国のすばらしい自然に心から感動を覚える。勝手な想像だが、松山樹子さんや森下洋子さんがもし、

33

灼熱大地の火焔山、清風吹き渡る那拉堤や喀拉峻草原、シルクロードの夏塔古道、喀納斯深緑湖畔、亜丁、年保玉則、格聶山麓、貢嘎を仰ぐ冷嘎措、錦秋の大興安嶺や阿尔山など、筆者が訪れ感動した地を思い浮かべ、そこで喜児を踊ればと想像するだけでも心豊かになる気がする。

　喜児が大自然に包み込まれ、どこからともなく「北風吹」の歌が聴こえる。それは神の調べかもしれない。そんな喜児の踊る姿を見たら私はきっとその神々しさに涙するだろう。

バレエは瞬間芸術

　松山樹子さんは「バレエは瞬間芸術」であると言う。彼女の著書、『バレエの魅力』で松山さんは「私は瞬間の美を追い求めて、何十年もひたすらに燃え続けてきましたが、いま静かに振り返ってみますと、むなしさに打ちひしがれるような思いになります。バレエのもつ限りない魅力と美しさとが、容易に手にはいらないものだという絶望感と、それにもかかわらずひたすらに美の極致を求めている心とが、ないまぜになっておしよせてくるからです。努力してもつかみきれないむなしさ。私のこれまでの人生は、空しいと知りつつなお乗り越えていこうとする美への挑戦との、くりかえしで貫かれてきたと思っています」と語る。

　きっと松山樹子さんの美の基準は私たちが美しいものを見て感じる感覚とは違い、もっと奥深い霊的なものが

あるのだろうと思う。虚飾の美でなく真実の美、人の心の底に突き刺さるような美、自由でとらわれのない美、松山樹子さんにとっての美とはそれを表現する人の心の内面とも深く結びついていなければならない。美を表現する人の心に真と善が伴ってこその美だったのではないだろうか。

　「瞬間の美」を求めるには「一瞬」に全身全霊を傾けて「一瞬」を逃す後悔のないようにしなければならない。それには心の迷いがあってはならないし、研ぎ澄まされた心が大切だろう。バレエの踊り手は、画家がキャンバスに表現する美を自らの手、足、目、表情、身体全体で表現しなければならない。空間がキャンバスでもある。しかも「一瞬」は刻々と過ぎる。空間に舞った一瞬は、過ぎ去れば取り戻すこともできない。研ぎ澄ました心を持続しなければ一瞬をつかみ取ることはできない。

　松山樹子さんは、いくら高く飛んだとしても、いくら早くぐるぐる回ってみせたとしても、豊かな感受性がなければ魂のこもった表現は出来ないという。

　だから心の感受性を錬磨するために本を読み、それに涙し、すばらしい絵と出会うために時間を惜しみ美術館を訪れた。

　その全てが自己を高みに押し上げ、内的向上をはかり、「瞬間の美」を追求するためのものであり、まるで求道者のようにバレエ芸術と向き合った。

東洋の心、中国の心、日本の心

　松山樹子さんはヨーロッパのプリマバレリーナのマーゴット・フォンティンの踊りを見て「踊り方を考えなくてはならない」と思ったと言う。米をよく食べる民族はア・テール（地上的に）、パンを食する民族はアン・レール（空中的に）と言われ、西洋人と自分たち日本人では伝統的に習慣性によってからだの骨格の細部が違うといい、それを考え続けて、私たちは東洋人であり、そのなかの日本民族、日本人は、日本人の味を生かしたバレエを創造すればいいと思うようになったとの答えを導き出す。

　確かなテクニックをマスターした空中的民族の西洋人も、感受性豊かな踊り手が踊ってこそ、魂のこもった豊かな表現が可能となるという。

　松山樹子さんは「バレエの魅力」の中で「たかだか六十年くらいの歴史しかもっていない日本のバレエ界ですが、考えてみると私たち日本人のもつ文化の伝統は、ヨーロッパで生きつづけてきたバレエの伝統よりも古いのです。この貴重な日本の文化の伝統を、日本人のバレエの創造に生かしていくことはもちろん可能です。私は、そうした姿勢で、今後もバレエにとりくんでいきたいと願っている」と語る。

　松山樹子さんはきっとヨーロッパで生まれたバレエを愛し、それを生んだヨーロッパへの畏敬の念を持ちながらも東洋を愛し、東洋人としての自分を大切にし、同じ

東洋人の中国人も愛し、東洋の中の日本を愛し、日本人の自分に誇りを持ち生きた人ではないだろうか。

　松山樹子さんは、世界の人々が、自分たちが暮らす地域を愛し、それを守り発展させていくことこそインターナショナルそのものだと確信していたのだろう。

　松山樹子さんは「私たちは東洋人で、その中の日本人です」と語った。今、日本人の語る言葉に「東洋人」「アジア人」の言葉は少ない。政治だけでなく日本人は心も文化も東洋より欧米に関心を持つ。そんな中で松山樹子さんの「私たちは東洋人です」の言葉は新鮮で、ほのぼのとした温かいものに包みこまれたように響く。

　そんな松山樹子さんの心が森下洋子さんに受け継がれ、その心が届いたのか、後に述べるように皇后美智子さま（現上皇后）は2017年の日中国交正常化記念公演の新「白毛女」をご覧になるために会場を訪れた。美智子上皇后は皇太子妃時代、清水正夫氏に「白毛女を作ってくださってありがとう」とお礼の言葉をかけ、また「〈白毛仙女〉のお話、子供の頃読んだのよ」とも話しかけられたそうである。

バレエ「白毛女」と日本人の哀感

　この原稿を書きながら筆者が思い浮かべた二人の日本人がいる。

　筆者は2020年に他界されたFM放送などのラジオ番組プロデューサーで文筆家の上田賢一氏の奥様から、上

田氏が書いた中国に関係する本、『上海ブギウギ1945
―服部良一の冒険―』（音楽之友社、2003年）を紹介さ
れて読んだ。

　その本は、ジャズをベースにした「蘇州夜曲」「東京
ブギウギ」「銀座カンカン娘」「青い山脈」を作曲した音
楽家の服部良一氏と、中国でも有名だった女優の李香蘭
さんについて書かれていた。李香蘭さんについては第四
章で述べることとし、ここでは松山樹子さんが求めた
「日本人のバレエの創造」と服部良一氏との共通点に少
し触れたい。『上海ブギウギ1945』には服部良一氏がジ
ャズに出会い、東洋的な日本のジャズへの思いを強くし、
「山寺の和尚さん」「別れのブルース」を発表して〝ジャ
ズの服部〟〝ブルースの服部〟と認められた経緯や、服
部良一氏が初めて上海に行き、杭州の西湖で作った即興
曲の「中支の印象」が有名な「蘇州夜曲」になったこと。
終戦前に上海で上演された「夜来香ラプソディ」の開催
にまつわるエピソードが紹介されている。

　その本で服部良一氏のジャズへの想いが次のように語
られている。

　「リズムとメロディーがうまく噛み合うことによって
ジャズは生まれるが、ジャズは非常に東洋的色合いの濃
いものであり、日本人の心にぴったりと来るものがある。
（中略）世界は変わり続けているというのに、センチメ
ンタルで単調な民謡調、俗謡調の流行歌だけで、すなわ
ち（日本の）島国根性だけで生きていくのは、ぼくは嫌
だ。だが、いたずらな外国音楽のイミテーションはいけ

ない。哀感はアメリカにもドイツにもイタリーにもない
日本独特のもので、これこそ日本人唯一の音楽的基盤で
あり、私たちはこれを大切に育てなければならない」

　松山樹子さんも「私たちは東洋人であり、そのなかの
日本民族です」と言い、日本人のもつ貴重な日本の文化
の伝統を、日本人のバレエの創造に生かしていく姿勢で、
今後もバレエにとりくんでいきたいと語った。

　『はるかな旅をゆく』には、松山バレエ団の「白毛女」
と上海舞踏学校の「白毛女」との違いについて松山樹子
さんの考えが語られている。

　「解放と同時に別れという人間ドラマを盛り込んだも
のが、私たちの〈白毛女〉と思うのです。上海舞踏学校
の〈白毛女〉ではカラリと力強く解放へ向かう人間の前
進性をうたいあげています。私たちは〈白毛女〉の物語
を、人類の数千年にわたる心の解放と愛を謳い、紆余曲
折する人間の一生のドラマを語ったつもりなのです」

　松山樹子さんは自分たちの「白毛女」を自ら「どろく
さい白毛女」と語っている。

　服部良一さんが作曲した「青い山脈」も戦後、日本が
敗戦から立ち上がろうとする時に創られた曲で、希望の
向こうに東洋的な哀感があり筆者も学生の頃、よくその
歌を唄った。

　松山樹子さんと服部良一氏が生きた年代はほぼ共通し、
そして共に中国、中国人との交流を持ち、東洋の国とし
ての日本を愛する心も共通している。

　服部良一氏は戦時中の上海での体験を振り返って日本

軍将校について次のように語った。

「彼らが国際都市上海を支配しているのかと思うと、ぼくはその品性の下劣さに腹が立ちました。日本人は中国で本当にひどいことをやっていましたよ。中国人を人間とも思っていなかった。ですから日本が戦争に負けた時、その復讐でぼくらは絶対に殺されると信じておったですね。しかし、寛大な中国人は日本人を許してくれたんですね。中国人はほんとうに心の大きな、やさしい人やとぼくはつくづく思います」(『上海ブギウギ1945』)

言うまでもなく漢字を初め日本が中国から吸収したものの価値は計り知れない。そんな国と国民に対し、服部良一氏が語ったように中国人を人間とも思っていなかった。日本人は中国人を見下していて、中国人に対して侮蔑的な態度をとっていた。悲しみと怒り、恥の言葉以外にない。

上田賢一氏は他界されたが、筆者は松山バレエ団についての原稿を書くことになったことを、当時、大阪の豊能に住んでおられた奥様に話したとき、丁度一昨日、主人の遺品を整理していたらこんな写真が出てきましたと言って筆者が見せられた写真には、どこかの公演会場での写真だろうか、上田賢一氏と森下洋子さんが並んで映る写真だった。不思議な縁を感じずにいられない。

第二章

バレエ「白毛女」
中国公演の歴史

こんどは「白毛女」といらっしゃい

　清水正夫氏と松山樹子さん、松山バレエ団の長い中国との交流を何が支えたのか、を述べる前に、現在までの清水正夫氏と松山樹子さん、松山バレエ団の中国との交流の歴史を振り返る。

　1945年、延安でオペラ「白毛女」が初演（主役　王昆女史）され、1950年に長春で映画化（主役　田華女史）され、1952年に映画「白毛女」が日本にやってきた。そして1955年2月に松山樹子さんが喜児を演じてバレエ「白毛女」が東京で世界初演された。

　貧しい農民の楊白労とその娘、喜児、許婚の大春との愛と苦しみと解放の喜びの物語は日本でも好評だった。

　そして松山樹子さんが初めて中華人民共和国へ行ったのは日本でバレエ「白毛女」を初演した1955年だった。フィンランドで行われた世界平和大会に出席した後、当時は国交がなく日本政府に要請すれば渡航許可が下りなかっただろう中国にレニングラード、モスクワ経由で初めて訪問した。

　フィンランドへの清水正夫氏、松山樹子さんの二人の旅費は工面できず、平和大会には松山樹子さん一人での参加だった。

　1955年に日本女性が欧州まで行き世界平和大会に参加する。それを考えても松山樹子さんがいかに活動的、進歩的な女性だったかがわかる。

　松山樹子さんはヘルシンキで、中国代表で来ていた作

家、歴史学者で副総理、全人代常務委員会副委員長、中国科学院院長等を歴任した郭沫若氏に出会った。郭沫若氏はその後松山バレエ団に親身な協力を続けた。松山樹子さんは、初めて訪問した中国の印象を次のように語っている。「わたしはあの侵略戦争のさなかに育ち、青春時代を戦争、また戦争のなかで生きてきました。はじめて目の前にする中国は、日本の爆撃機がつぎつぎと落としていった爆弾の跡をそのまま残していました」(『はるかな旅をゆく』)

　松山樹子さんは中国からモスクワに戻り、夢にまで見たボリショイバレエ団の公演を見て、また日本人で初めてボリショイバレエ団でレッスンすることが許され、尊敬していたガリーナ・ウラノーワと共にレッスンを受けることができた。

　そしてモスクワ滞在中に周恩来総理から国慶節に北京に来るようにと招待を受け、再び中国を訪問する。周恩来総理との出会いは改めて第三章で述べるが、その時に総理から、「こんどは〈白毛女〉をもって皆さんでいらっしゃい」と誘いを受けて1958年に第一回訪中公演が実現した。日本でバレエ「白毛女」を公演してから第一回訪中公演が実現するまでの間に松山バレエ団は日本国内で四十回を超える「白毛女」の公演を行っている。

　松山バレエ団の初回訪中公演は日中文化交流協会の第一回訪中使節として行われたが、日本国内では外国のバレエを第一回の文化使節として中国へ送るのは国辱であるとの意見もあった。また、第一回の訪中公演時には中

国人ですら「白毛女」がバレエになるのか、想像できないと思った人も多かった。

日本では「バレエにはセリフがないから〈白毛女〉のようなドラマをわかってもらえないのではないか」という意見もあった。だが、セリフがなくても一生懸命踊り、必死になって踊る熱意は言葉より中国の人たちに伝わると考え松山バレエ団の訪中公演は始まった。

身を削る思いだった第一回訪中公演

第一回訪中公演は1958年3月3日から5月1日まで59日間、北京、重慶、武漢、上海で28回の公演が行われた。松山バレエ団から46名が参加し、「白毛女」「バフチサライの泉」「ピーターと狼」他が踊られた。

第一回訪中公演で、中国の人々は創作クラシックバレエに驚喜し、本家の中国より早く「白毛仙女」物語をバレエ化し、人民の解放がバレエになったことに驚き、日本のバレエ団が自分たちの歴史変化を踊っていることに驚き感動した。一般公演では徹夜で切符を買う人の行列ができた。多くの新聞がバレエ「白毛女」を絶賛し、中国全土にそのニュースが伝わった。

中国文芸界もバレエ「白毛女」を称賛し、有名な演劇芸術家で北京人民芸術劇院副院長の欧陽山尊氏は「今までたくさんのバレエを見たが、〈白毛女〉ほどわたしを感動させたものはない。それはこのバレエが労働人民の生活と闘争につながっているからだ」と評した。第一回

の訪中公演では中国残留日本人もたくさん会場を訪れ公演を見て涙をながした。

　北京の次に重慶で公演し、重慶でも大歓迎を受け公演は大成功だった。重慶の農業生産合作社に行き、その土の庭で北京青年管弦楽隊のオーケストラの演奏により「白毛女」を演じた。土のステージのまわりを多くの農民が囲み、屋根や木の上にもたくさんの人があふれ、清水正夫氏は「素朴で純情な人々の前で踊るのは、見ても実にすがすがしい気分です」(『はるかな旅をゆく』)と語っている。

　重慶の次に武漢でもバレエ「白毛女」が公演された。会場の中南劇場では切符を買おうと徹夜の行列が延々と続いた。折しも武漢では「日本商品展覧会」が開催されており、その中国側関係者など千人を招待して特別公演も行われた。武漢の製鉄工場での公演では工場内にある劇場に観客が入り切れず、窓を取り外し、外からも見えるようにして公演が行われた。

　訪中公演最後の上海では1万3千人収容の文化広場劇場で公演した。後ろの観客は双眼鏡で踊りを見ていたという。

オペラ「白毛女」の王昆女史と松山樹子さん (1958年)

北京ではバレエ「白毛女」をきっかけに京劇の「白毛女」公演が始まり、北京はオペラ、京劇、バレエの「白毛女」の競演会になった。

　バレエ「白毛女」の訪中公演成功の裏で、松山樹子さんには緊張の日々が続いた。清水正夫氏はその時の松山樹子さんのことを、自ら主役を踊りながら相手役を指導し、多くの踊り手の踊りを見て全体をまとめていくのは大変で、身を削る思いで公演を続けたという。

　訪中公演を好評のうちに終えて日本に帰国した松山バレエ団は、今度は日本全国で「白毛女」を公演した。「夜行列車に揺られながら、北は北海道の僻地から南は鹿児島の果てまで全国津々浦々を回った」（『はるかな旅をゆく』）。列車の三等車の床で寝られるのはまだ良いほうで、ゆっくり食事もできない強行軍で日本全国を回ったという。「白毛女」は松山バレエ団のメンバーと共に日本全国を旅した。またその時期、松山バレエ団は「白毛女」の他にも、新演出の「白鳥の湖」「オセロ」「祇園祭」などの大作に意欲的に取り組んでいった。

　バレエ「白毛女」の第一回訪中公演を行った頃も、松山バレエ団はたいへん貧しい時代を過ごしていた。若い団員はバレエだけではとても食べていけず、レストランで皿洗いのアルバイトや繁華街でサンドイッチマンのアルバイトをしていた。

　第一回訪中公演を振り返って清水正夫氏は「国家建設をエネルギッシュに進めていこうとする生き生きした若々しい颯爽とした国、中国と、民間バレエ団として一

人歩きをはじめたばかりの松山バレエ団とのはじめての出会いでした。当時の日本と中国は、それぞれの状況は異なっていても、きびしく苦しい状態から何とか抜け出そうと必死の努力をしている時期でした」(『はるかな旅をゆく』)と語る。

第二回訪中公演と毛沢東主席の想い出

　第二回訪中公演は1964年9月22日から12月12日までの83日間、北京、哈爾濱、南京、上海、広州そして途中、北朝鮮の平壌と38回の公演が行われ「祇園祭」「赤い陣羽織」「火と土の舞」他が踊られた。参加人員は50人で北京、上海、広州では公演のテレビ中継があった。「祇園祭」は1532年〜1555年に祭を禁止した時の権力に対抗して京都の町民や農民が力を合わせて祇園祭を再興する物語で「白毛女」に通じるものがあった。

　第二回訪中公演の時、北京では建国十五年を祝う国慶節行事が世界の貴賓を招き開催され、清水正夫氏と松山樹子さんは天安門の上に招待されて祝賀の人で埋め尽くされた天安門広場を見た。

　清水正夫氏は毛沢東主席が雨の降り出した天安門の上で、差し出された傘も断り、雨に濡れながら解放軍歌舞団の踊りを見ていた光景を次のように述べている。

　「踊りが終わり、一歩一歩、一人で階段をゆっくりとおりてゆく毛主席と、手をふる私たちや歌舞団の若者たちとの間に交わされた劇的な情景は、毛主席の後ろ姿と

ともに生涯わすれることのできない思い出の一つです」
(『はるかな旅をゆく』)。

　この時、松山樹子さんは一人涙をながしながら天安門
からの光景を見ていた。

　第二回訪中公演では松山バレエ団は鴨緑江を渡り北朝
鮮の平壌大劇院で「祇園祭」を公演し、公演には金日成
も出席した。主席から「労働者の多くいる街へも行って
公演してください」と言われた。

　松山バレエ団は平壌からそのまま哈爾濱に行く予定だ
ったが、急遽、北京に戻り、アフガニスタン国王とマリ
共和国大統領を招ねいて人民大会堂で「祇園祭」を演じ
た。

　人民大会堂三階の劇場で外国の芸術団体が公演するの
は初めての事で毛沢東主席も公演を見たという。「長い
間尊敬していた毛沢東主席が公演を見に来てくださると
いうことで、頭のてっぺんから足のつま先まで緊張しな
がら踊った」(『はるかな旅をゆく』)と松山樹子さんは
語っている。松山樹子さんは毛沢東主席と対面した時の
印象を次のように話した。

　「恰幅のよい体格と、政治家としての鋭い、何でも見
通してしまう目を持っていらっしゃる方でした。堂々と
して、大きな存在感にあふれ、人当たりのやわらかい上
に詩人としての風格もあり、まさしく大人の名にふさわ
しい、すべてを備えているという感じでした」(『はるか
な旅をゆく』)

　毛沢東主席は相手の話をゆっくり聞き、終始パンダ印

の煙草をくゆらせていた。煙草が燃え尽き、手の先まで燃えそうになるまで煙草を離そうとしなかったという。

　そして毛主席は「祇園祭」の衣装のままだった松山樹子さんの目をしっかり見据え、にっこりと笑いかけ、大きな手を松山樹子さんに差し伸べた。

第二回訪中公演　毛沢東主席と「祇園祭り」の衣装の松山樹子さんと清水正夫氏（1964年）

　松山樹子さんは握手しようとその手を見たとき、上着の袖口からのぞいたワイシャツの袖のすり切れた後にミシンがかかっているのを見て、毛主席からしみじみとした感情が伝わってきたという。その時、毛主席が履いていた靴は数年後に主席に会った時と同じだった。

　毛主席は世界で初めて中国の民間物語「白毛女」をバレエ化した松山バレエ団に対し「あなた方は先輩です」と敬意を示したという。この毛沢東主席への接見には、劉少奇国家主席、朱徳全人代委員長、董必武国家副主席も同席したという。

第二回訪中公演　毛沢東主席への接見、清水正夫氏と松山樹子さん（1964年）

　また、清水正夫氏と松山樹子さんはアフガニスタン国王、マリ共和国大統領、賀竜元帥、彭真北京市党委員会書記も紹介され、そのお膳立てをしたのが周恩来総理、廖承志氏だった。

　北京の後、哈爾濱に向かい公演した。哈爾濱公演では、敗戦時中国に無残にも残留させられた日本人の婦人たちから「寒い哈爾濱まではるばる来て公演をしてくれた」と涙を流し感謝されたという。

　そして残留の日本の婦人たちは「一日も早く、日本と中国が国交を回復して欲しい」と涙ながらに話したという。清水正夫氏は「（婦人たちが）肉親を日本に置いたまま、戦後何年も日本と中国の断絶の狭間に置かれ、涙ながらの訴えを聞いていると、一生懸命、日中の交流に努めなくてはいけない、と決意を新たにした」（『はるかな旅をゆく』）と語っている。

　日本が中国と国交を回復するまで様々な紆余曲折がありそれを邪魔する一部政治家の活動も激しかった。彼らは中国に残された婦人たちの思いには心を向けなかっただろう。日本はニクソン大統領の電撃訪中があって中国

との国交回復に踏み出すが、日本は米国の動きを見ながら中国政策を変える傾向は今も続いている。

　松山バレエ団は哈爾濱公演の後、南京、上海、広州で公演し第二回訪中公演は終了した。

文化大革命中も途絶えなかった友好

　第二回訪中公演後、中国では文化大革命の嵐が吹き荒れたが、松山バレエ団は中国の国内事情に影響されず友好を続ける方針だった。（注　文化大革命、正式名は無産階級文化大革命、1966年〜1976年の10年、中国で吹き荒れた反革命権力闘争、その間中国は内乱により混乱、停滞して十年動乱ともいう）

　そして1966年、中国と日本の青年が交流する「第二回青年大交流」に日本から15名の団員を派遣した。その時、結局は日本からは松山バレエ団以外の青年は誰も参加せず、中国に留学していた清水哲太郎氏と先に北京に入っていた団員ら計19人で「青年大交流」が行われ、三千人の紅衛兵と交流したという。

　1967年から文化大革命の嵐は激しくなった。当時日本では、中国との友好をすすめる人や団体に対し、中国とは手を切るようにという圧力がかかった。松山バレエ団は日本の右翼と左派の双方から圧力や妨害があるなかで、さらに文化大革命のまっただ中においてさえ中国との交流を続けた。清水正夫氏は、「長期につづく文革の弊害を感じとり、それなりの批判もしましたが、それで

51

中国が嫌いになるとか中国と袂を分けようと思った者は
バレエ団のなかで一人もいませんでした」(『はるかな旅
をゆく』)と当時のことを語っている。

　文化大革命の嵐が吹き荒れていたころ、多くの劇団の
訪中公演は中止されたが、松山バレエ団は一貫して中国
との交流を続けた。

　それは松山バレエ団の活動が単なる文化交流でなく、
日本人の中国への誠の感情である感謝と謝罪を内包した
思想の背景があり、そこには中国人と日本人の先人方の
数千年にわたる魂を捧げた文明文化交流があり、松山バ
レエ団のバレエが中国人の心の琴線に触れたからこそだ
と思う。

　清水正夫氏は中国と中国人の魅力について、「中国人
は復元力のある人たちですから、すぐ他国の進んだ技術
や文化をとり入れ、自国のなかに消化し、独自の文化を
築くものと思います。幾千年の中国の歴史が、そのこと
を如実に物語っているのです。その文化の歴史が中国の
たまらない魅力なのです」(『はるかな旅をゆく』)と述
べている。中国は文化大革命という困難な時代を乗り越
えて改革開放に舵を切った。まさに清水正夫氏が語る復
元力を見せた。その洞察力にはすばらしいものがあった。

第四回訪中公演 〜国交回復前夜〜

　第四回訪中公演は1971年9月20日から12月2日まで
の74日間、北京、西安、延安、武漢、長沙、韶山、上

52

海、広州で新演出の「白毛女」「ベトナムの少女」「沖縄
の五人娘」など38回の公演が行われ57人が参加した。
　第四回公演では新演出の長編バレエ、「白毛女」が公
演された。

第四回訪中公演 白毛女（1971年）

　1971年9月は林彪によるクーデター未遂事件があった
時である。9月20日、松山バレエ団一行は香港から深圳、
広州に入り、広州空港のロビーで広州の歌舞団との友好
交流を行い、北京に向かった。北京空港には驚くほどた
くさんの人々が松山バレエ団を歓迎するために集まり、
飛行機から空港を見ると歓迎の人々で黒山の人だかりだ
った。その熱烈な歓迎に答え空港ロビーで森下洋子さん
たち団員は着ていた洋服そのままで「白毛女」を踊った。
　10月1日の国慶節式典では、清水哲太郎氏、森下洋子
さんら団員は北京中山公園で「白毛女」を踊り、人民大
会堂の祝賀レセプションで周恩来総理に会った。

10月3日、北京天橋劇場での公演では森下洋子さんと佐原冬子さんが「喜児」「白毛女」を踊った。「白毛女」のかつらや衣装は周恩来総理が森下洋子さんたちに贈ったもので、その衣装には一人一人の名前まで書いてあったという。

　第四回訪中公演の旅には上海舞踏学校のオーケストラと指揮者、合唱隊が全コース松山バレエ団といっしょにまわり180人ほどが特別列車で移動した。

　公演旅行では後に中華人民共和国外交部長になる中日友好協会の唐家璇氏が団長付きで終始松山バレエ団の世話をし、宋之光駐日大使夫人の李清女史も合唱隊の一員として一緒に旅をした。

　第四回訪中公演では、中国の革命聖地である延安で「白毛女」を公演している。「白毛女」の故郷での公演だった。延安での公演は延安大礼堂で行われたが、オーケストラボックスがなかったので岩盤をくり抜く大工事が行われ公演に間に合わせたという。

　武漢の公演時、清水正夫氏は武漢に住む老人に戦争中の日本軍の行為について聞く場を持った。老人は悲惨な地獄の状況、「生き埋めにあった人」について声をひきつらせ涙で語った。松山バレエ団の若い団員たちは声をあげて泣いたという。

　森下洋子さんは後に第四回訪中公演の想い出を次のように話している。

　「長い旅でした。9月に行って12月まで。その頃はまだ国交が回復していなかった。香港から線路を皆でぞろ

ぞろ歩いて深圳に行った。広州でも北京でも大歓迎で、北京では夜中の一時とか二時にずらっと人が並んで歓迎してくれた。そして公演が終わり帰る時には泣いてしまう。二か月も一緒にいると中国の人とはみんな、家族のように接しているから、別れるのが悲しくて、悲しくて」

第四回訪中公演 延安にて（1971年）

第八回訪中公演

　第八回訪中公演は1978年9月14日から11月27日までの75日間、北京、大同、成都、昆明、杭州、上海で「白鳥の湖」「コッペリア」「赤い陣羽織」などを公演し、62人が参加した。一方で松山バレエ団は中国での大型公演の間に小規模公演も数回行っている。

　日本を発つ飛行機の出発が遅れ北京空港に着いたのは夜十時を過ぎたが、空港には王炳南中国人民対外友好協

第八回訪中公演 大同にて（1978年）

会会長、林林中国人民対外友好協会副会長・中国日本文学研究会会長・中日友好協会副会長、音楽家で文化部代部長の周巍峙氏、孫平化中日友好協会秘書長（後に中日友好協会会長・中国人民対外友好協会副会長）や中央歌劇舞劇院バレエ団の団員たちの他、大勢の人たちが出迎えた。

　第八回公演では文化大革命で会えなかった古い友人と再会できた。その懐かしい顔には周恩来総理から松山樹子さんを含め「三人の白毛女」と紹介されたオペラ「白毛女」の王昆さん、映画「白毛女」の田華さんがいた。天橋劇場で撮影されたのだろうか、田華さん、王昆さん、松山樹子さん、森下洋子さんの「四人の白毛女」が共に映る写真がある。楽しそうに微笑む四人の真ん中には周恩来夫人の鄧穎超さんがいる。この時、鄧穎超さんは「恩来の代わりに私が来ました」と言って森下洋子さんを抱いてくれたと言う。鄧穎超さんは北京空港にも松山バレエ団を出迎えた。

　北京での公演会場は第一回訪中公演の時と同じ、懐かしい天橋劇場だった。天橋劇場は立派な稽古場もあり、観客と出演者のことを十分に考えてつくられた日本にも

ない立派な劇場だった。

　松山バレエ団は第八回訪中公演前年の1977年11月に「友好訪中団」として清水正夫団長、清水哲太郎氏、森下洋子さん、外崎芳昭氏、安達悦子さん、高橋良治氏、朶まゆみさん、岸庸子さんなど15人で北京、上海でクラシックバレエの小公演を行い、一行は文化大革命の間に禁止されていたクラシックバレエに対する中国の人々の沸騰するような熱気を感じた。レッスンの稽古場に多数の人が押しかけ、入りきれない人が窓の外に溢れたという。

王昆女史と松山樹子さんの再会
（1978年）

　それは文化大革命の空白期間のため北京舞踏学校の若い生徒にとって初めて見るクラシックバレエで驚きと戸惑いさえ見せたという。

第八回訪中公演　鄧穎超女史、松山樹子さん、田華女史、森下洋子さん、王昆女史（1978年）

　この小公演で李先念副総理から「こんどは、団員皆さんでいらっしゃい」と声をかけられ第八回訪中公演が決まった。

清水正夫氏、鄧穎超女史、松山樹子さん（1978年）

第九回訪中公演 ドン・キホーテ公演時 李先念副総理と
清水哲太郎氏、森下洋子さん（1984年）

　第八回訪中公演はクラシックバレーを文化大革命後の
中国で踊るはじめての大きな公演でもあり、天橋劇場の
外には前夜から切符を求める数千人の列ができた。
　その中には四川省から来て徹夜で並んだ学生、二十年
前の公演のプログラムを大切に持っている老人、はるば
る新疆から来た女性もいた。
　徹夜で並んで切符を手にいれた観客の拍手には熱いも
のがあり、踊り手にとっては何よりも尊いものだった。
熱い拍手の中で清水正夫氏は、中国はふたたび解放され
たのだと思ったと語る。また第八回訪中公演時の感想を
清水正夫氏は、「第一回、第二回の訪中公演のころの人
たちは食うや食わずの状態で侵略軍と戦って、苦しみな
がら革命を進めてきた人たちです。その人たちの子供が
今、文化大革命の終わりによって、目を輝かせながら自
由に見たり聴いたりし、新しい中国を感じた」（『はるか

な旅をゆく』）と話している。

　第八回訪中公演は北京、大同、成都、昆明、杭州、上海の六都市で行われた。大同の公演では炭鉱で働く労働者が会場に集まりバレエを観た。彼らは一生懸命に力強い拍手をしてくれた。それは日本の公演では見ることができない光景だった。炭鉱で炭塵にまみれ仕事をしている人たちが逞しい体を揺さぶりながら大きな手をたたく。大地に根ざした人間のもつ、汗まみれの感動が伝わり感動したと松山樹子さんは述懐している。

　『はるかな旅をゆく』の中に第八回訪中公演でのエピソードが紹介されている。

　松山樹子さんは公演期間中、文化大革命で地方から復帰した友人と話をした。彼らは農村で土の上で、素足でレッスンを続けていた。足が凍傷になり苦しかったが欠かさず続けたという。農村には、あなたは農業が本業ではないので少しでもレッスンしなさいと励ましてくれる理解ある農家の人もいたという。第八回公演には現在の中央バレエ舞団の六人の舞踊手も参加した。彼らは文化大革命中には毎日午前中だけ稽古で午後は学習の時間で稽古が十分ではなかった。それでは松山バレエ団の団員と一緒にクラシックバレーを踊ることは難しいので松山樹子さんは六人を稽古、稽古と追い立てた。

　文化大革命中に彼らが踊っていたバレエは男性と女性が手を取りあい踊ることは少なく、男性が女性を高々と持ち上げるシーンに彼らは戸惑ったという。地方公演では、松山バレエ団の男性舞踊手が地方歌舞団の女性のウ

エストを持とうすると歌舞団の女性は驚き逃げてしまった。そんなエピソードの中での第八回公演だった。

新「白毛女」と第十三回訪中公演、
日中国交正常化45周年記念公演

松山バレエ団の訪中公演は1958年の第一回公演以来、現在まで17回に及ぶ。巻末に「松山バレエ団訪中公演の歩み」でその公演内容を掲載しているので、それも併せてご覧いただきたい。

松山バレエ団は1978年の第八回訪中公演後、1984年に第九回訪中公演、1992年に国交正常化20周年記念第十回訪中公演、1996年に上海バレエ団支援、上海芸術祭参加第十一回訪中公演、2003年に第十二回訪中公演を行い、第十二回公演では新「白鳥の湖」が公演され、李長春中央政治局常務委員が公演を祝っている。

新「白鳥の湖」公演 李長春氏と森下洋子さん（中央）と出演者（2003年）

　そして、2011年の第十三回訪中公演では新「白毛女」が公演された。1971年の第四回訪中公演で「白毛女」が公演されて後、2011年に新「白毛女」が公演されるまで40年の歳月が経過した。新「白毛女」の初演では高音の女性ソロと勇壮な合唱曲が特徴の中国の作曲家、厳金萱氏の曲も取り入れられた。

　第十三回訪中公演の北京会場には中国の歴代5人の女性副総理の一人である劉延東女史や第四回公演旅行中も終始バレエ団に付き添い世話をした外交部長、国務委員を歴任した唐家璇氏、さらに稲盛和夫氏など錚々たる人物が新「白毛女」の公演を祝っている。

新「白毛女」を踊る森下洋子さん（2011年）

第十三回訪中公演 新「白毛女」劉延東女史、唐家璇氏、稲盛和夫氏らと（2011年）

2017年5月には中日国交正常化45周年記念公演として中国国際文化交流センターの招きで北京と上海で新「白毛女」が公演された。北京では人民大会堂で公演が行われた。

国交正常化45周年記念公演 新「白毛女」を踊る森下洋子さん（2017年）

国交正常化45周年記念公演 新「白毛女」（2017年）

　新「白毛女」はその年の11月に東京で凱旋公演も行われている。喜児を森下洋子さんが踊った。その時の喜児の衣装は周恩来からプレゼントされたもので今も大切に使われている。

　東京渋谷のBunkamuraオーチャードホールで行われた公演には皇后（現在は上皇后）美智子さまと程永華中華人民共和国駐日本国特命全権大使（当時）が鑑賞した。新「白毛女」（全幕）のラストでは150人の在日華僑合唱団が熱唱している。カーテンコールでは皇后美智子さまも程永華中国大使もスタンディングで感動を伝えられた。美智子皇后は後に清水哲太郎氏、森下洋子さんに「てっちゃん、よーこちゃん」と声をかけて、その時の舞台の感動を伝えられたという。

　新「白毛女」は清水哲太郎氏が元の作品の平和への思いを引き継ぎ、新たな時代の心に届くように構想、構成、台本、演出、振付を手がけたものだった。

　清水哲太郎氏は芸術には心に、美しさ、醜さ、美醜の差別の念が全くないので、全ての人を、美しい心に立ち返らせる"気づかせ"、を一瞬で理屈なしにしてくれる偉大な力があるといい、松山バレエ団の人々は人間の心を一つにする芸術の力を信じて活動を続ける。

　東京での新「白毛女」の公演では皇后さまと松山バレエ団の人たち、在日華僑合唱団、そして中国大使がいて、その公演は清水哲太郎氏が語るように全ての人を美しい心に立ち返らせ、心を一つに結びつける芸術の偉大な力そのもので、日本と中国の壁をなくしてお互いの心が通い合った夢の公演だった。

　周恩来から贈られた衣装を大切に、今もその衣装で「白毛女」が踊られている。まるで喜児の心、周恩来の心が時代を越えて公演会場に響いているようでもある。

第三章

周恩来と松山バレエ団

三人の「白毛女」

　第二章で述べたように1955年、松山樹子さんは周恩来総理から国慶節に北京に来るようにとの招待を受けてモスクワから北京に戻った。国慶節の式典を見ながら「解放前、食うに食えない状態の中で、日本軍と戦いながらも革命を進めていった指導者たちの苦労を思うと、とめどもなく涙が出た」（『はるかな旅をゆく』）と松山樹子さんは語っている。

　北京飯店での国慶節の宴会で突然、周総理が外国記者団に向かい「これから、重大発表があります」と話があり、座が緊張に包まれた時、周恩来総理は映画「白毛女」の喜児役の田華さんとオペラ「白毛女」の喜児役の王昆さんの二人を伴い松山樹子さんのところに来て松山さんに手を差しのべて「皆さん、ここに三人の〈白毛女〉がいます」と言った。

　周恩来総理らしい、やさしく親しみがあって飾らない松山樹子さん紹介の言葉だった。

周恩来総理と三人の「白毛女」（1955年）

　その時のことを松山樹子さんは清水哲太郎氏に涙をながしながら話し続けたと言う。

　そんな周恩来のことを、「はじめて会ったこの時から、周総理ほど幅の広く深い人間をみたことがないと感じたのです。つねに全体を見通す鋭い目をもちながら、人間の本質的な暖かさ、優しさを備えている方でした。松山バレエ団がこれまで周総理にどれだけお世話になったか、言い尽くせないほどです」（『はるかな旅をゆく』）と松山樹子さんは語っている。

　その時、周総理から「こんどは（松山バレエ団の）皆さんでいらっしゃい」と言われ、その2年半後に第一回訪中公演が実現した。

人間味が溢れた周恩来

　第二回の訪中公演で松山バレエ団は「祇園祭」を公演し、周恩来総理はその公演を三回も見に来たという。松山樹子さんが周恩来総理に日本の浴衣をお土産に送ると、周総理はまるで子供のように喜び、首都劇場の貴賓室でそれを着て、周総理を囲んで和気あいあいと心温まる時間が持たれた。

　清水正夫氏はその時の雰囲気について、心から踊りが好きで音楽が好きだという仲間が集まっているようで、中国人と日本人の区別すら感じなかったと語っている。清水正夫氏や松山樹子さんにとって周恩来は堅苦しい政治家の肩書を表に見せない人間そのものだった。

松山樹子さんにとって中国との長い交流の中で忘れられない出来事が二つあった。一つは毛沢東主席と会った時、その袖口の質素なミシンの縫いあと。すりきれたワイシャツを着る主席のつつましさに心を打たれた。そしてもう一つの出来事がこのゆかたを着た周恩来総理とわきあいあいと語り合った時だという。周恩来総理をはじめ、中国の人たちが裸の姿を見せてくれた生涯忘れられない楽しいひと時だったという。

　第二回訪中公演の時、清水正夫氏は歌舞詩劇の「東方紅」の幻燈の美しさに驚き、その舞台裏を見せて欲しいと周総理にお願いすると、後日、周総理から招待状が届き、周恩来自らが舞台裏と楽屋を一つ一つ案内し、自ら古道具を手に取り案内したと言う。話はつきず、夜更けまで歓談し、周総理は別れる時に“サヨナラ、サヨナラ”と友だちのように手をふって、別れの言葉をかけた。

　1973年、松山バレエ団の8人は北京に行った。一行は北京飯店の玄関で散髪に来ていた周恩来総理に偶然会った。その時、その偶然に驚いたのか団員の一人は思わず「あ～っ、周先生」と叫んだという。その時、周恩来総理は清水哲太郎氏に「てっちゃん」と声をかけたという。そして後日、松山バレエ団のために人民大会堂で開かれた京劇の特別公演に来た周恩来総理は団員たちに「このあいだ、おめにかかりましたね」と楽しそうに話した。周恩来総理は森下洋子さんに「紅色娘子軍を一回踊ってから日本に帰りなさい」と話し、森下洋子さんのために小さい衣装を手配する細やかな気配りも見せた。そんな

周総理を嫌いな中国の人は誰もいない、皆が周恩来総理のことを愛していると森下洋子さんは話す。周恩来のほのぼのとした人柄、出会う人をやさしく包み込むような人間性が思わず「あ〜っ、周先生」の声をかけさせたのだろう。

心の交流

　周恩来は清水正夫氏と松山樹子さん、そして松山バレエ団の心の支えとなった。

　清水正夫氏は周恩来について語っている。

　「周総理こそ、松山が初めて北京を訪れたその日から私たちを理解し、中国との三十年に及ぶ関係をつくってくださった方なのです。周総理ほど、バレエという芸術を愛し、音楽を愛し、踊り手、音楽家を可愛がり育ててくださった方はありません。あれほど相手の人間に誠意をもって当たり、理解を示し、助けてくださった方にめぐりあったことはありません」(『はるかな旅をゆく』)

　二代目喜児を演じた森下洋子さんも1971年10月15日の北京、天橋劇場での第四回訪中公演での周恩来の思い出を、「握手した時、ものすごく柔らかい手で深い優しさと柔軟さが伝わってく

周恩来総理と清水正夫氏 (1973年)

る手だった。バレエを踊りつづけて世界をまわっている
が周恩来総理ほどまわりの人に対し、すべてを尽くすとい
う人を見たことがなく、人間的にこれほど魅力を備えた方
はいないと思った」と語っている。「日本人は悪いことを
したけれど、あなたたちは違います。大切な、大切な友人
です」と周恩来がはっきりと語ったと森下洋子さんは後々
まで話している。

　松山樹子さんは周恩来総理の奥様、鄧穎超さんにお会い
した瞬間、周恩来総理の素晴らしさ、人間的魅力の源を見
た気がしたとも話した。

　周恩来は1976年に亡くなった。第八回訪中公演の時に
は周恩来はこの世になく、松山バレエ団の人々にはなんと
も言えない寂しさを感じての公演でもあった。

徳の政治家、周恩来

　周恩来について考える時、私たち日本人が決して忘れて
はならない二つのことがある。

　一つは、日本の戦犯に対する対応である。

　日本は「満蒙の沃野を頂戴しよう」で中国を侵略して
南京大虐殺、重慶空爆、上海市街戦、東北満州での「殱
滅掃討作戦」による無差別殺戮、生体実験、強姦、細菌
部隊、麻薬密売と阿片蔓延、軍関与の慰安婦、偽札印刷
など、考えられるあらゆる歴史的犯罪を中国で繰り返し
た。そして戦後シベリアに約65万人の日本人が抑留さ
れ、そのうち960人が1950年に中国に戦犯として送られ

「撫順戦犯裁判所」に収容された。また、戦後に中国に残った山西残留と言われる日本人140人が「太源戦犯管理所」に収容された。

　収容された戦犯は周恩来の「戦犯といえども人間であり、日本人の習慣と人道を守れ、制裁や復讐では憎しみの連鎖は切れない」の言葉の下に管理所ですごした。中国人がコウリャン飯を1日2食しか食べられない中で、白米を食べて管理所で暮らしたという。収容された千人以上の日本人のうち起訴されたのは政府と軍高官の45人だけで、あとは起訴免除で釈放され日本に戻った。起訴の45人も禁固8〜20年の判決後、シベリア抑留と裁判までの期間も刑期に入れて、ほとんどが刑期満了前に帰国できた。政府高官の一人の日本人は禁固20年の判決後に病のため直ちに釈放となり、それを聞いて病室で号泣した。老子の「小を大とし、少なきを多とする。怨みに報いるに徳をもってなす」を実践したのが周恩来だった。

　もう一つは日中国交回復時、周恩来は中国への日本の賠償について次のように話した。

　「中国は日清戦争で賠償を払ったが、中国人民はそれによりいかに苦しんだか。いかに過酷だったか。日本国民にそれを求める気はない。戦争の責任は国民にはない。一部の軍国主義者の責任だ」

　孔子の「己所不欲　忽施於人」（自分が望まないことは他にはするな）を周恩来は示した。

受け継がれる中日平和友好の意思

　徳の政治家、周恩来の平和友好への意思は後の政治家
にも受け継がれている。

　1983年、来日した中国共産党中央総書記、胡耀邦は
日本の国会演説で次のように述べた。

　「全中国人民の共通の願い、つまり中日両国の善隣友
好関係を長期にわたり、安定して発展させなければなら
ず、子子孫孫まで友好的につきあっていかなければなら
ないという願いをたずさえてきた。中日善隣友好関係が
再建されてから、まだあまり日数がたっていない。平和
友好条約締結から数えても、まだ5年になったばかりだ。
両国の関係方面が接触し、ともに仕事をするなかで、い
くらかの懸念や意見のくいちがい、歩調のそろわない点
があらわれることは避けられない。だからこそ、我々は
並々ならぬ努力によってうちたてられた友好関係をこの
うえなく大切にするとともに、中日共同声明と平和友好
条約の基礎のうえに、両国政府および両国指導者間の相
互信頼、両国の経済、文化の交流と協力をいちだんと強
め、両国の民間、とりわけ若い世代の友好往来をさらに
いっそう強めていくため、ともに努力すべきだと思う」

　日本には侵略の謝罪を不見識な見解と語り、侵略を自
衛の戦争と語る大臣すらいる一方で、侵略を受けた側の
胡耀邦は自ら日本に出向き、「並々ならぬ努力による友
好関係を大切にしたい」と語った。

　孟子は徳による王道の政治を説き、浩然の気は義と道、

すなわち正義と人道により養われると語った。中国との
友好に異を唱える政治家は、日中平和友好条約の理念を
思い起こし、胡耀邦が日本で語った言葉を噛みしめて
「浩然の気」に思いをめぐらせるべきと思う。

　周恩来は戦争の責任は日本の国民にはないと語ったが、
筆者は国民にも罪があると思う。日本の軍国主義を率い
たのは一部の指導者でも、多くの国民も満州併合を喜び、
中国各地への進軍を祝った。日本の新聞も進撃を称えた。
盧溝橋事件の翌月、日本海軍は南京渡洋爆撃を開始し、
1937年8月から10月まで65回の空爆が行われた。最後
は90機以上の航空機が投入され、その時の新聞見出し
は「戦史空前の首都南京大爆撃」だった。時に国民大衆
は無知で愚昧かも知れない。新聞もそう書かざるを得な
い状況にあり、時世に翻弄されたとしても、心の罪は消
えないし言い訳もできない。

　筆者は周恩来の恩義に報いるためにも日本人が取るべ
き態度は「侵略」を心に刻み、「歴史事実の直視」「素直
な謝罪」「中国との善隣友好」と思う。その謝罪は百年
続けても、まだ遠いとも思う。

　松山バレエ団の活動、中国との友好を妨害した日本の
右翼は悲惨な侵略戦争の謝罪すらも拒み、侵略はなかっ
たとも語る。彼らは人としての「正しい道」「義」「潔
さ」「礼節」も解し得ない。

　しかし、清水正夫氏、松山樹子さん、そして松山バレ
エ団の人々は身をもって人としてあるべき姿を実践して
いると思う。

森下洋子さんは松山バレエ団の訪中公演ではいつも中国の人々の大歓迎を受け、松山バレエ団が自分たちの国の「白毛女」を創ってくれたことへの感謝の気持ちを感じるという。それは周恩来自ら、松山バレエ団を大切に思い、総理自身がバレエ「白毛女」に感謝の心を持ち、それが中国の人々に伝わっているからだと言う。森下洋子さんは後にCCTVのインタビューで「周総理にはどう御恩返しをすればいいか、それができないほどの厚い、厚いものをたくさんいただいた」と涙を浮かべながら語った。

　筆者は侵略した国のバレエ団が自分たちの革命劇を踊る。それを感謝で迎える。そこに周恩来と中国の人々の大きな心を感じる。

第四章

友好の礎

辛い時代

　この章を書き進めるにあたり、先に当時の日本国内の政治状況も話しておきたいと思う。それは松山バレエ団の日中友好のための努力のすばらしさ、その本質を理解するために大切と思うからである。

　清水正夫氏は『はるかな旅をゆく』で次のように語っている。

　「中国へ行くたびに、私たちは多くのことを学びとりそして成長してきたと思います。けれども、ひとたび日本に帰ってくると、戦いの日々が続きました。いまでこそ、中国、ソ連（現ロシア）といっても何ら抵抗のない時代ですが、三十五年にわたる中国との交流の歴史のなかには、日本においていやな仕打ちをされたこともずいぶんありました」

　東京の日比谷公会堂での初めてのバレエ「白毛女」の公演は成功した。「白毛女」を公演したことで松山バレエ団と中国の結びつきは一層、強くなった。だが一方では、日本で思いもかけない、松山バレエ団への攻撃などいやな事件が次から次に起き、苦労の連続だった。清水氏本人は平気だったが、松山樹子さんにはほんとうに気の毒だったと思うと清水氏は語っている。

　「白毛女」を公演したことで、「松山バレエ団はアカ（共産主義者）」との時代錯誤と事実誤認の笑うようなレッテルを貼る人も現れ、松山バレエ団は日本で相当に異端視された。

　清水哲太郎氏は松山バレエ団に時代錯誤のレッテルを貼り、松山バレエ団を異端視する人々は人としてのあり方、なぜ松山バレエ団がクラシックバレエ「白毛女」に取り組んだのか、その本質を理解できていない、いや理解する心すら持たないと言い、バレエ「白毛女」を世に出した理由、それを公演する理由を次のように語っている。

　「松山バレエ団が〈白毛女〉をクラシックバレエ化した答えは、幾千年に渡り小さな島国の日本に人類の文明文化の灯りを、見返りを求めず送り続けてくれた中国に限りない尊敬と厳かな憧れを感謝としてあらわし、さらに近代における日本の軍国主義による侵略、それを進めたファシストの残虐非道な行為と悪辣な人間差別に対し、大きな罪の意識を持ち、声をあげて中国の人々への感謝と謝罪を心から叫ぶ日本人もいることを理解していただきたい。小さな民間団体である松山バレエ団、それも戦争を経験していない若い人たちがクラシックバレエで中国への感謝と謝罪を表現する。そんなバレエ団の心を表現したものがクラシックバレエ〈白毛女〉であり、それを世に出した理由です」

　今でこそ、日本と中国は自由に往来可能で、文化や経済交流、留学や観光など活発な交流があるが、松山バレエ団が初めて交流を持った時代、その後二十年近くは現在と全く異なる。一言で言えば「中国は近くて非常に遠い国」だった。

　日本政府は中国に渡航するパスポートすら制限した時代である。中国公演にも日本政府の支援が何もない中で、

「アカ」（共産主義者）と呼ばれながらも松山バレエ団は中国との交流を続けた。

　1966年から1968年頃には左派からも松山バレエ団に「中国と手を切るように」と圧力がかかったという。団員には、松山バレエ団を辞めるように外部から働きかけも行われたと清水正夫氏は述べている。清水氏は「政府が、中国敵視政策をとっていましたから、松山バレエ団は、右からも左からも、はさみうちされるような形だった」（『はるかな旅をゆく』）と語った。

　だが清水氏は、「私たちは、どんな苦しい立場にあっても、また中国がどう変わろうと、一貫して中国との友好を大切にしました。私たちの生きているあいだは長い日中交流のなかのほんの一瞬なのです。それならば、この一瞬を大切にしようと考えたのです」（『はるかな旅をゆく』）と話す。今も反中や嫌中を叫ぶ偏狭な心の人たちはこの言葉をどう聞くだろうか。

揺れ動いた日中関係と国粋主義

　バレエ「白毛女」が初めて公演された時代も今も、日本の政治家には侵略戦争への罪の意識を持つ人と侵略すら認めない人も少なからずいる。

　昔も今も、どちらが政治権力を持つかで日本の対中政策も変わる。

　松山バレエ団の第一回訪中公演時の首相は「日米安保条約改定」を進めた岸信介だった。

　岸信介は戦時、東条内閣閣僚として宣戦詔勅に署名し、満州国経営にも関わった。戦後、A級戦犯とされたがなぜか極東軍事裁判では告訴を免れた。岸信介の前任は石橋湛山だった。石橋湛山は「反植民地主義」「反帝国主義」を政治信条として外交重点を日中関係改善に置いた。だが岸信介は中国敵視政策をとり、政治信条は「憲法改定」「日米安保条約改定と米国との関係強化」で日本の政治と経済の対米従属が進んだ。同時にその時代は、日本で右翼が勢力を拡大した時代でもあった。

　岸信介が退陣後、首相は池田隼人、佐藤栄作に引き継がれる。池田隼人は「中国は長い歴史をもち日本と深い関係があり、日中関係打開に努力しなければならない」と国交正常化に意欲を示したが、佐藤栄作は慎重な態度を取った。佐藤栄作は岸信介の実弟である。岸信介の孫が最近まで日本の首相だった安倍晋三で、祖父の政治思想を受け継いだ。

　1972年の日中国交正常化は田中角栄総理と大平正芳外務大臣により進められ、大平正芳の力も大きい。田中角栄も大平正芳も共に中国への罪の意識を持ち、国交正常化を外交重要課題とした。当時、日中国交回復を潰そうとする自民党右派、右翼政治家の激しい抵抗があった。

　1978年に福田赳夫首相のもと日中平和友好条約が締結された。締結には当時外務大臣だった園田直と駐中国大使の佐藤正二の力が大きい。その時も自民党青嵐会などに所属する右派、右翼議員は執拗な反対活動を展開した。

　そして戦後50年の節目に社会党の村山首相は「村山

談話」を出し、侵略の謝罪をした。

「我が国は、遠くない過去の一時期、国策を誤り、戦争への道を歩んで国民を存亡の危機に陥れ、植民地支配と侵略によって、多くの国々とりわけアジア諸国の人々に対して多大の損害と苦痛を与えました。私は、未来に過ちなからしめんとするが故に、疑うべくもないこの歴史の事実を謙虚に受け止め、ここにあらためて痛切な反省の意を表し、心からのお詫びの気持ちを表明いたします。またこの歴史がもたらした内外すべての犠牲者に深い哀悼の念を捧げます」

天皇陛下も全国戦没者追悼式で「深い反省」の言葉で平和の気持ちを示されたが、しかし今も日本には謝罪に異を唱える政治家が少なからずいる。

一方、右翼活動には過激なテロもある。その暴挙で1960年には日本社会党の浅沼稲次郎委員長が暗殺され、1987年には朝日新聞阪神支局が襲撃され小尻知博記者が暗殺された。

日本社会は儒教と関わりが深く、日本の江戸時代（1603年〜1868年）は儒学が学問の主流で江戸幕府や地方藩主は学問所に孔子を祀る孔子廟を建て、日本には多くの孔子廟が残るが、右翼はそんな孔子廟や孔子学院すら攻撃対象にしている。

中国人にはなぜ中日の文化交流すらも右翼が攻撃するのか疑問を持つ人も多い。

右翼は中国との文化交流を攻撃し何を守ろうとしているのか。

　日本は歴史的に中国大陸から多くを学び、その影響を受けた。

　紀元前４千〜５千年の黄河文明では彩色土器（彩陶）が見られ、紀元前１千〜１千５百年の殷の時代には漢字の租となる甲骨文があり、精緻な青銅器もあった。春秋時代末には農業生産に鉄製農具も使われた。紀元前３百年に建てられた始皇帝の墓を見れば高度な土木技術がわかる。古代の三大水利工程の一つ、新疆、吐魯番の井渠（カレーズ）の総延長は5,272kmで２千年前に大規模上水道も建設されている。四川省成都の近くにある世界文化遺産の都江堰は紀元前256年の秦昭王時代に建設が始まった大治水事業である。

　殷時代の日本は縄文時代で竪穴式住居に暮らした。日本の弥生時代には中国大陸から稲作や青銅器、鉄器がもたらされた。

　古来、中国と朝鮮半島から多くの渡来人が日本に来て、飛鳥や奈良、平安京の建設にも関与し、時の権力の系譜にも影響が及んだことも十分考えられる。

　右翼は国粋主義を精神的拠り処とし、その思想は「日本良い国、清い国、世界に一つの神の国」である。神国の天皇に渡来人の血が混じることはない。侵略も「神の国」「清い国」と真逆で、そんな歴史を消したい。日本は「日出る国」で固有の神代文字や神代文化を持ち、中国から学んだ歴史も消したい。虚構と言われようが日本民族の純血主義を貫きたい。攻撃の裏にはそんな思想もある。日本の海外難民受け入れは世界の国に比べ極端に

低い。選択的夫婦別姓すら進まない。これらも排他的、国粋主義思想に根ざす右翼政治家や右翼知識人の思想の延長線上にある問題でもある。そこには何も前に進まない、保守に固執し変化を拒む「日沈む国」が見える。

　侵略を否定し、謝罪を批判する心は、歴史的犯罪を中国で繰り返した過去の醜い私たち日本人の姿を見たくない心理、それと真摯に向きあうことを避けたい心の弱さの裏返しと筆者は思っている。右翼の中国への執拗な攻撃はそんな心の反動と思う。

　日本には中国や韓国にいつまで謝罪を続けるのか、もはや戦後でないと語る政治家や言論人も多い。だが、いかに政治決着しようとも心の呵責が消えるわけではない。

　政治と日本人の心、魂とは次元が違う事柄である。日本人の心、魂は政治よりもっと崇高で尊く、重いものである。日本人は子供の頃、悪いことをすれば素直に謝ることを両親や祖父母に言われ育った。その心や魂には右も左も真ん中もない。

　潔く罪と向き合い、もう謝らなくてもいい、もういいかげんにして、と相手が言うまで謝罪を続けるのが日本人の良心、魂と思う。それこそが右翼、右翼知識人が好む「武士道精神」なのではとも思う。彼らは「武士道精神」にも自ら唾を吐きかけている。

　松山バレエ団はそんな右翼の攻撃の中で「白毛女」の公演を続けた。歴代の松山バレエ団の人々は意志堅固な人たちであることがわかる。

松山バレエ団を受け入れた中国への感謝

　この章において筆者が明らかにしたいことは、中国との長い交流において、松山バレエ団を支えたのは何かである。なぜ清水正夫氏や松山樹子さんは、清水正夫氏が語った「嫌な事も多々あった」中でも、毅然と中国との友好を維持し続けたのだろうか。

　その答えは、これから中国と関わりを持とうとする多くの日本人にも夢と勇気を与え、その心の支えになるに違いない。

　それを語るには清水正夫氏、松山樹子さんの心情に深く立ち入らねば難しいと思うが、残された著作と過去のインタビューと今回の取材で知り得たことをもとに深層に迫りたい。

　だがそれを語る前に、私たち日本人が思いを巡らせなければならないことは、松山バレエ団を受け入れた中国と中国の人々への感謝である。

　周恩来の松山バレエ団への支援と松山バレエ団を受け入れた中国人の心の温かさ、心の寛大さがなければ友好と交流は難しかったと思う。

　さらに歴代の中国の首脳も松山バレエ団と交流し友好を築いた。清水正夫氏は1992年、日中国交正常化20周年記念公演の第10回訪中公演時と1997年に江沢民主席と会談している。2008年に日本を訪問中の胡錦涛主席はわざわざ松山バレエ団を訪れ清水正夫氏を見舞い松山樹子さん、森下洋子さんと松山バレエ団の人々との暖か

い友好交流の場を持ち、その時、胡錦涛主席は次の言葉を贈った。

「清水正夫さんは中日友好事業に長年携わってきた先達であり、松山バレエ団は世界的に有名なバレエ団です。みなさんは半世紀にわたり、中日友好の信念を守り、両国の文化交流を積極的に促進し、両国の相互理解と友情の増進に独自の役割を果たしてこられました。

清水正夫さんと松山バレエ団は中日の民間友好交流の先駆者であり、両国の文化交流の手本です」（人民網日本語版）

森下洋子さんは中華人民共和国建国60周年の際、北京の人民大会堂での晩餐会に招待された。宴会場で胡錦涛主席は森下洋子さんを見つけメインテーブルに森下さんを招いた。その時、隣席には江沢民氏が座り、江沢民氏は日本語で「江沢民です」と森下さんに話した。

そして2009年には日本を公式訪問中の習近平副主席（当時）は東京の中国文化センターのオープニングセレモニーに出席し清水哲太郎氏、森下洋子さん、松山バレエ団の人々との交流の場を持った。

松山バレエ団を暖かく受け入れた中国、それを考える時、筆者はもし日本と中国の立場が逆だったらどうだったかと思うことがある。中国が日本を侵略し、日本の古い物語を中国人がバレエや京劇で演じる。その時、日本人はそれを抵抗なく受け入れただろうか。感激して公演を見ただろうか。きっとそこには、もの凄い抵抗があり公演の開催すら困難だったと思う。

第十回訪中、日中国交正常化20周年
記念公演　江沢民主席、李瑞環中央
政治局常務委員と清水正夫氏、森下
洋子さん（1992年）

江沢民主席と清水正夫氏（1997年）

国交回復30周年　胡錦濤主席と清水
正夫氏（2002年）

胡錦濤主席　日本・松山バレエ団を
訪問（2008年）

胡錦濤主席・劉永清夫人 日本・松山バレエ団を訪問（2008年）

中国文化センターにて習近平副主席
（当時）と松山バレエ団との交流
（2009年）

1972年7月に上海舞劇団の孫平化団長以下208人が日中文化交流協会の招きで来日し約2か月間滞在して東京、大阪、名古屋、京都などで「白毛女」「紅色娘子軍」を公演した。

　7月14日に東京の日生劇場で初回公演を行ったが、右翼街宣車がつめかけ公演を妨害し、脅迫状も送られた。日本の侵略を受けた中国から来たバレエ団の日本公演ですらこんな情けない状況になる。その右翼の行為に対し、日本は中国を侵略した国なのにどうしてと疑問を持つ中国の人々も多いと思う。筆者は中国の人々に大変申し訳なく、恥かしく、日本人として心よりお詫びする思いでいっぱいになる。

　だが、松山バレエ団の「白毛女」を中国の人々は「日本のバレエ団が自分たちの民間劇を踊っている」と感激し、暖かく受け入れてくれた。筆者はそのことがとても有難く、感謝の想いで胸がいっぱいになる。

　これから述べる清水正夫氏、松山樹子さん、そして松山バレエ団の努力は松山バレエ団を暖かく迎えいれてくれた中国と中国人の心があって、その上に築かれたものと思う。そして清水正夫氏と松山樹子さん、松山バレエ団の人々による交流の努力が中国の人々との心の絆を深めたのだと思う。

　そしてその上で清水正夫氏、松山樹子さん、松山バレエ団が中国との交流を途絶えることなく続けてきた事には次のことが大きな支えになったのだと思う。

正義感と反骨心

　バレエ「白毛女」の誕生と中国との長年の友好には清水正夫氏と松山樹子さんの性格も強く影響しただろう。

　清水正夫氏は松山樹子さんの性格について「松山はつねに過去のことはきっぱりわすれてしまおうという性質でした。過去には全くこだわらない性格でした」（『はるかな旅をゆく』）と語っている。喜児が未来に向かい生きる姿は松山樹子さんの生き方ともぴったりと重なり合ったのではないだろうか。

　清水正夫氏と松山樹子さんがバレエ「白毛女」に取り組んだことには、なぜ罪もない中国人が日本兵に殺されなければならないのか、なぜ日本は中国にまで出かけて戦争しなければならないのか、それを進めた為政者への

義憤も心の中にあった。

　清水正夫氏、松山樹子さんのお二人に共通するのは正義感と反骨心と歴史的にも多くの恩恵を日本にもたらしてくれた中国への溢れんばかりの感謝である。

　「はるかな旅をゆく」で清水正夫氏は、終戦直後、松山樹子さんが電車の中で米兵が爆竹を投げて乗客が逃げ惑う姿にはしゃいでいた光景に遭遇し、弱い者いじめをする米兵に腹をたてた松山樹子さんが、逃げずに椅子に座ったまま、投げられた爆竹を素手で拾い電車の窓から投げ捨てたエピソードを紹介している。

　「白毛女」に出会った時、清水正夫氏と松山樹子さんの心をとらえたのは、虐げられている農民が国を解放していくというテーマだった。それは当時の時代背景とも重なった。アメリカの占領下の沖縄では米軍基地建設に多くの農民の土地が没収され、基地周辺で米兵の暴力事件や銃乱射、女性への暴行も起きた。

　清水正夫氏も松山樹子さんも弱い者が虐げられることへの義憤を心の中で持ち続けた。小さい頃から反骨心が強く、弱いものに涙を流し、強いものに立ち向かう自身の性格を「はるかな旅をゆく」の中で清水氏は語っている。

　バレエ「白毛女」が日本で公演された1950年代に松山バレエ団は東京の先住火力発電所の四本の煙突をテーマに「煙突の見える広場」というバレエ劇を公演した。四本の煙突は見る角度で4本になり3本になり、2本、1本になり「お化け煙突」と言われた。

　朝日新聞の「煙突の見える広場」のインタビューで松山樹子さんは次のように語っている。

　「今の世の中には一本つらぬかれた芯がない。世代の断層、思考の違いがあまりにもはっきりしている。この混乱期に煙突は何かを教えてくれるような気がする」

　真っ直ぐに天に向かい立つ煙突はきっと松山樹子さんの心象風景とぴったり重なり、それをバレエで表現したいとの思いになったのだろう。松山樹子さんは「白毛女」の喜児の姿に貫かれた心の芯を見て、それが自身の生き方とも重なった。

　長い年月に渡る中国との友好は「芯を貫き通す、信念を貫き通す」という清水正夫氏と松山樹子さんの性格、正義感と反骨の心がもたらしたとも言える。

中国と中国人への想い

　また、清水正夫氏と松山樹子さんの中国と中国人への熱い想いがあったからこそ、長い友好と交流は続けることができただろう。

　あこがれていた中国の地へはじめて足を踏み入れた松山樹子さんに中国の人たちはわが子のように暖かい手を差しのべてくれた。

　清水正夫氏と松山樹子さんは、広い中国と中国人の何にひかれたのだろうか。

　「大陸に生まれ育った人間のもつおおらかさ、スケールの大きさ、礼節を重んじる伝統を受け継ぎながらも、

同時にもちあわせているみごとな合理性などについても驚きの念を抱くのです。そしてこの広大な大地にみるダイナミックな自然の美しさ、逞しさ。さらに何千年という時の流れがつくり出した歴史の重み、伝統文化の深さと、数えあげたらきりがないほどです」（『はるかな旅をゆく』）と清水氏は語っている。

さらに松山樹子さんは、日中国交回復が実現した時の朝日新聞インタビューで次のようにも語っている。

「バレリーナだからむずかしい理屈はいらない。直観的に（中国を）好きになった。中国のあのおおらかさ、上下わけへだてのない人との接し方、ウソをいわない清々しさ、いまから若い人はどんどん中国へ出かけてそんな人間味を知って来てほしい。女性だって中国では日本よりうんと大事にされますわ」

さらに松山樹子さんは、「中国は節度のあるこまやかなところをもっていると同時に、ヨーロッパの合理主義をもちあわせている。島国の日本と違い、地勢的にもヨーロッパに続いている。ベッドや椅子を使う生活習慣、ものの考え方も合理性を身につけている。私の育ったころの日本では、つねに一歩下がって出しゃばらずという教育を幼い時から受けていますが、中国では、つねに燃えて前進するための努力が必要であると教育される。中国の人たちを見ると、非常に正面きって堂々と生きているという感じがする」（『はるかな旅をゆく』）と語っている。こうした中国の人たちの生き方は、パフォーミングアーツ、すなわち表現芸術をなりわいとする舞台人が

身につけるべき表現方法であると松山樹子さんは常々話していた。

　清水正夫氏も松山樹子さんも長い中国との友好の中で中国に行けば、やっとわが家へ帰りついたような心休まる思いを味わうと言う。

　筆者の中国との交流は1991年に始まり30年が経った。その間、おそらく300回以上は中国に足を運んだ。筆者も中国に行くたびにわが家に帰った想いをし、人間の持つおおらかさに魅かれ、社会習慣も人の考え方もせせこましい日本を離れた安堵感に酔った。

　日本社会は横並びで周囲を気にし、周囲にあわせる社会である。異質を嫌って人には同じ行動への同調や協調を求めやすい。だから常に周りを気にしながら、周りからどう見られているかを気にして暮らすことにもなる。個性や自分らしさよりも見た目や形、集団の統一を重視するのが日本社会でもある。集団から飛び出そうとする人を無理に抑えつけるようなところもある。だから中国に行けば、その大らかさ、周囲をあまり気にせず私は私で暮らせる社会に心休まる。

　筆者は日本と中国の違いが端的に表れる一つは言葉と思う。中国語は主語の次に動詞がきて、その後に目的語がくる。日本語は主語の次に目的語、その後に動詞がくる。日本語は主語が動詞に出会うまでの道のりが長く、その間に多くの言葉、修飾語も入る。言葉が多いと感情も多く入る。感情が多くなると結論もぼやける。動詞に出会うまでの長い旅の間に動詞が忘れられることもある。

中国語は、私はしたい、思う、そして何々‥で、主語と動詞は隣り合わせ。夫唱婦随で、隣り合わせでないと用をなさない。タテ糸とヨコ糸みたいで、互いが支え合い、一方が欠けると用をなさない。だから明快である。すぐに結論がくるので、余計な言葉がいらないのかも知れない。日本の会話では、何を言いたいのと思うこともあるが、中国は逆で、はっきりし過ぎて、もう少し抑えて、やわらかくと思うことすらある。

　松山樹子さんが語ったように「つねに燃えて前進する」には、結論を早く決めて一歩を人より早く踏み出さねばならないのだろう。

　筆者は中国人の積極性や合理性が日本社会にも良い影響を与えると思い2009年に書いた「中国が日本を救う」という本で日本は中国人の受け入れ態勢を整え、ビザを緩和し観光客や留学生や研修生の受け入れを増やすべきと述べた。

　清水正夫氏は、松山樹子さんはバレリーナとして音楽が聴こえただけで自然と手足と体が動き踊り出すように中国に自然に飛び込んでいったと言う。

　松山樹子さんは、初めて「白毛女」に出会った時の感激を持ち続け、中国に感じたインスピレーションのままに、中国との交流を続けた。松山樹子さんは常々「白毛女」ほど、好きな作品はないと言い切り、そして「白毛女」と同じくらい中国ほど好きな国はなかったのだろう。

「白毛女」へのひたむきな想い

　松山樹子さんは「白毛女」に惚れ、喜児に惚れ、そして中国に惚れた。そして「白毛女」の故郷でいつまでも公演を続けたい。それも交流の強い支えになったのではないか。

　純真でひたむきに生きる喜児の心と一体になり「白毛女」を踊り続けるのは、その心を最も理解してもらえる中国の人々の前で踊る、そこにバレリーナとしての生きがいと誇りをもっていたのではないだろうか。喜児を踊る松山樹子さんの真っ直ぐに前を見据えた眼は「私は今も元気で生きているわよ」と喜児の心を訴えているような気がする。

　また素朴に日本人のみで「白毛女」を踊り続けることそのものが、日本の中国に対する感謝と謝罪を深く表現することになると松山樹子さんはよく話していた。

　松山樹子さんが「白毛女」に見たのは素朴な美の姿だった。人間を包む余計なものを全て取り払い、純真な心になれた時に光り輝く美。「白毛女」でそんな美を表現しようと思ったのではないだろうか。

　後に述べる松山樹子さんが憧れ読んだ本、「告白」でルソーは、人間が自然人であることを忘れて人為的な姿を本性と錯誤して満たされないと不平をいう。人間の不幸はそんな自分自身から来ていると述べている。

　松山樹子さんにとって自然な姿で生きる喜児は、迷ったとき、苦しい時、辛い時には喜児を思い出し、喜児の

心に返る。そんな自らが生きるための原点でもあったのではないか。

　松山樹子さんは自らの人生とバレエに向かうエネルギーを得るためにも喜児を踊り続け、中国で公演を続けたのだろう。

バレエだけにこだわり続けてはいけない

　松山バレエ団の中国との長い友好の基礎にあるのはもちろんバレエであり、その中でもバレエ「白毛女」である。しかし長い交流の歴史で中国の人たちの感動を得つづけるには踊りの中に何かが備わっていないといけないと思う。それは演出でもあり、同じバレエ劇であっても、新たに加わった変化であり、いつも生き生きと感じられる新鮮さでもあり、観客が心を打たれる「何か」がなければならないと思う。いつも「今回はさらによかった」と言ってもらえる「何か」がなければ長い年月、続けていくのは難しいと思う。

　筆者はその「何か」を松山樹子さんは自己の魂の錬磨によって探し続けたのではないかと思っている。「白毛女」も、一見地味なテーマにも見えるそのバレエが、躍動感溢れるバレエに変身するには、芸術家としての創造力や感性が大切と思う。そしてそれを磨くための努力を続けた。松山樹子さんは「舞踊家にとって日々の錬磨は欠かせないが、それを豊かで実りあるものとして舞台に生かすには、バレエだけにこだわり続けてはいけない」

（『バレエの魅力』）という。バレエの外の世界にも目を向け関心をもち、そこに楽しみを見出して自分のものにする貪欲さが必要という。

だから松山樹子さんは「本を読みながら踊る」という読書家でもあり、また音楽家でもあり、素晴らしい絵と出会うために時間を惜しみ美術館に出かけた。

松山樹子さんの新しいものに挑戦する心は、子息の清水哲太郎氏に受け継がれ、清水哲太郎氏が構想、構成、台本、演出、振付をした新「白毛女」となって具現化し、その精神は松山バレエ団で脈々と受け継がれている。

心を磨き、魂を磨く

「瞬間の美」のバレエは過ぎたことより、常に前を向き人生を歩む松山樹子さんにはピッタリの芸術だったのだろう。一つの瞬間が終わり、また次の瞬間が来る、その瞬間、「今」を精いっぱい生きて、次に来る瞬間に挑戦を続ける。筆者の「座右の銘」も「今を積む」という言葉である。きっと松山樹子さんは求道者のように今の瞬間を大切に思い、一歩一歩の人生を積み重ねたのだろう。そんな松山樹子さんの人生の生き方に相応しいのがバレエだったのかも知れない。きっと読書は今を精いっぱいに生きるための栄養源でもあったのだろう。

松山樹子さんはルソーの『告白』を読んだ時、ルソーの主張がビンビンに響き、自分をしびれさせたという。ルソーの言葉に接し、もっと自分を律していかなければ

と思い、その感動のすがすがしさが全身に満ちて、透明な涙となって流れ、読書によって自分を高みに押し上げていった。

また、島崎藤村の『破戒』を夜中に嗚咽をこらえながら読んだと言う。チェーホフやボーボォワールに感動し、それを自らの人生の糧としていった。

「白毛女」を踊る松山樹子さんに震えるような美を感じるのは、松山樹子さんにそんな心、精神性が備わっているからと思う。

ルソーの『告白』には次の文がある。

「真の幸福をわけ与えてくれる神にすがって、われわれに必要なものをさずかる最良の方法は、それを乞い求めるよりも、それを受けるに値するものとなることだ。読書に出てきた興味をひいた人間の種々の境遇を自分の精神の糧とし、それらを回想し、変形し、結合し、自分の身にあてはめるということであった。そうしてついに到達した架空の境涯に、不満な現実の境遇をわすれることができるように思った」（『告白録』）

『破戒』の主人公、瀬川丑松は人間差別の運命に悩んだ末、境遇を隠して暮らした自分を悔い、「自分はそれを隠蔽そう隠蔽そうとして、持って生まれた自然の性質をすりへらしていたのだ。その為に一時も自分を忘れることが出来なかった。思えば今までの生涯はいつわりの生涯であった。自分で自分を欺いていた」（島崎藤村『破戒』新潮文庫、2005年）。そう思い直し、教え子の前で自身の生い立ちを告白して、将来、五年、十年と経

って皆さんが小学校時代のことを思い出す時、瀬川という教員に習ったことがあった、その教員は別れる時に、どんな時でも陰ながら皆さん生徒の幸せを祈っていると言っていたと思い出してもらいたいと、隠していたことを詫びて頭を下げ、生徒の前でそのように話した。

『告白』も『破戒』も差別による誹謗や迫害、不条理をテーマとし、『告白』は読むには難解な本で、『破戒』は読むには悲しくて辛い本である。だがその本を松山樹子さんは嗚咽をこらえて読んだ。心を磨き、魂を磨き、情熱の泉を枯らさないために読書を続けたのだろう。

そんな感性が読書や絵画、音楽で養われていたから、映画「白毛女」を見た瞬間に、それをバレエで表現した時の美がそこに見えたのだろう。

松山樹子さんは、ルソーが言う「変形し、結合し、自分にあてはめるための何か」、すなわち感受性がものすごく豊な人だったのだろう。

自然の感情を聴く

バレエは一見、華やかな踊りに見える。だが清水正夫氏も松山樹子さんも華やかさだけを求めたのではない。だから「白毛女」にこだわり続けた。

松山樹子さんが読んだルソーの『告白』にそれを読み解くヒントがある。

ルソーはある女性を伴いフランスのアヌシーからスイスのフリブールへ旅をした。無事に女性を送った後、一

人でローザンヌに向かった。途中、無一文になり宿代も食事をする金もなく小さな村にたどり着き、金が無いのを偽り宿泊した。朝になって着ていたチョッキを脱いで宿代を払おうとしたが、宿の主人はそれを受け取らずに、"おかげさまで、今日まで人の着物をはいだことはない。一フランぽっちのお金で初めてそんなことはしたくない、払えるときに払ってくれればいい"とルソーに言った。

　ルソーはこれまで多くの人からいろんな尽力を受けてもきたが、この宿の主人の純朴な、目立たない人情ほど、感謝に値するものはなかったと語っている。

　若いときには、こんなにたくさんのいい人に出会ったのに、年をとってからは、なぜもこうもそんな機会が少ないのだろう、それは若い時と年をとってからの交わる人、その階層が違うからだともルソーは言う。筆者は人が年を経るほどわが身に多くのものを纏いすぎて心の素朴さ、純朴さ、素直さが薄れていくからではないかとも思う。そしてルソーは言う。「庶民階級のあいだでは、大きい情熱はときたまにしかきかれないけれど、自然の感情がききとられることは遥かに多いのである。上流階級にあっては、そうした自然の感情はすっかりおさえつけられ、感情の仮面のかげに、きかれるものはいつも利己と虚栄だけである」(『告白録』)

　松山樹子さんも利己と虚栄を嫌い、自然の感情を聴きそれを伝えるために「白毛女」を踊り続けたのだろう。

バレエの束縛からの解放

松山樹子さんはクラシックバレエに関して次のように語っていた。

「クラシックバレエというのは、ヨーロッパの宮廷社会、貴族社会から始まったというスタートラインを持っている。そして色濃くキリスト教の宣伝芸術として歩んできた歴史を持っている。その為現在も残るバレエ作品には隅から隅までキリスト教有理、ヨーロッパ人有理、他宗教不純といった側面を多く抱かえています。しかしそれでも私は、クラシックバレエは人類の創造した作品の中でも最も優れたものであると今確信しています。これを最高の芸術文化に仕上げ、平和で美しい社会に少しでも貢献できたらと思う」

そして松山樹子さんは、バレエは音楽と絵画との結びつきが強い芸術と言う。そのためヨーロッパでも日本国内でも暇を見つけては美術館通いをした。それをこんな言葉で表現している。「美術館に行くのは私を束縛しているバレエから、私自身を解放してやりたいからです」（『バレエの魅力』）

きっと松山樹子さんにとってバレエは人生そのもので片時もバレエへの情熱が彼女の思考を離れることはなかったのだろう。

やはりルソーの『告白』に次の文がある。

「私には非常にはげしい情熱があって、それのかきたてられているあいだは、まるで手がつけられず、自制心

も、体裁も、心配も、礼儀もあったものではない。無恥、厚顔、狂暴、不適である。恥辱もかまわず、危険もおそれない。心にかかるただ一つの目的をほかにしては、宇宙も物の数ではない。だがそうしたすべても、しばらくのあいだしかつづかない。次の瞬間、私は茫然自失におちいる」

　松山樹子さんにとっては、バレエが人生そのものだったからこそバレエ以外の外界に目を向けて、そこから影響を受けて自分を高みに押し上げていくことが大切だったのだろう。

ボッチチェリ「春」

　松山さんは、フィレンツェの画廊にあるボッチチェリの「春」を見たときは足もとがぐらつくほど激しく懐かしい感動を受けた。

　「春」に描かれた三人の妖精をヒントにして、ドビュッシーの「小舟にて」を曲に選び、恩師の東勇作先生がバレエをつくった時、松山樹子さんは十八歳だった。踊るのが楽しくて無邪気にそのバレエを踊っていた頃の思

い出が「春」を前にして蘇った。

　当時は戦争の暗い影が忍び寄り、バレエを踊るための
タイツもなく、男性が穿く“股引”（長いパンツの下着）
をはきレッスンした。やがて英語も禁止され、男は兵隊
にという時代で、その時代のことが「春」の前でいっき
によみがえり立っているのもやっとだったという。

　松山樹子さんのボッチチェリの「春」の懐かしい思い
出を読み、筆者もすぐにボッチチェリの画集を見た。そ
してそこに描かれた妖精にワクワクするような喜びを感
じた。

　ボッチチェリ画集の中に「ビィナスの誕生」があった。
抱き合いながら空を飛ぶように舞う男女の姿は真に舞台
で舞うアーティストではないかと思いながら、松山樹子
さんの心境に想いを馳せた。

　また、松山樹子さんは、ルドンの花の絵が物悲しく切
なく語りかけ、夢の中で見る得体の知れない色彩が、ル
ドンの花の色にそっくりなことに驚いたと言う。

　シャガールの絵はバレリーナのように、空間に浮かび、
跳び、叫んでいる。そのとらわれない自由さを見ている
と、うれしくなって踊り出したくなってしまうと言う。
アンリ・ルソーの「眠るジプシー女」の砂漠の中のライ
オンとその横で眠る黒人の女の寝姿の構図は、バレエの
それのようにビシッと決まっていると語る。

　松山樹子さんにはバレエは精神が空間をものにする芸
術でルドンやシャガールのブルーは、閉鎖的な社会空間
から無限の空間に踊り手を飛びたたせていくブルーとも

表現した。「精神が空間をものにする芸術」、この言葉に松山樹子さんのバレエにかける情熱、意思、バレエ哲学が凝縮される。

さらに音楽では、バッハ、モーツアルト、ベートーベン、ドビュッシー、フォーレを好み、疲れると音楽の中に逃げ込んだ。バッハはどんな精神状態にあっても、素直に松山樹子さんの心にはいりこんだ。バッハは果てしない魂が生き生きと波打ち、松山さんを包みこんだ。

これらの音楽家たちは松山樹子さんの生きる喜びの支えになり、音楽が無ければ、この世はどんなにか寂しく、音楽なしでは一日も生きられないと語っている。

音楽を聴き、読書や絵画を見た時の想像力と表現力、松山樹子さんには芸術に対する天性の感性が備わっていたのだろう。

松山樹子さんのバレエの踊りは、シャガールの絵の妖精がそこから抜け出し、吸い込まれるようなブルーの青空でバッハの曲に包まれて踊り、踊り終われば碧いブルーに溶け込み無限の世界に吸い込まれてゆく。そんな姿を感じられる踊りなのだろう。松山樹子さんの芸術への向き合い方を思うと「美」と「魂」と「楽」と「真」が踊りの中で混然と交りあっていたのではないかと思う。

中国の友人たち

松山バレエ団の中国との交流にはそれを支えたたくさんの友人がいた。

　第二章の冒頭でも述べたように、松山樹子さんは「ヘルシンキ世界平和大会」に参加した時に作家で歴史学者、そして政治家でもあった郭沫若氏と出会い、そ

郭沫若氏と清水正夫氏（1964年）

の後、郭沫若氏は松山バレエ団を支え続けた。郭沫若氏は四川省楽山の出身で、旧制第六高等学校、現在の岡山大学を卒業し昭和3年から約10年間、千葉県の市川市で家族と共に暮らした。中国社会科学院院長も務め、中日友好協会の名誉会長でもあった。その旧宅は市川市郭沫若記念館になっている。

　「はるかな旅をゆく」には郭沫若氏から松山バレエ団に送られた色紙が何点か紹介されている。1958年の第一回訪中公演の時に送られた色紙には「芸術是超越国境、芸術は国境を越える」言葉がある。

　清水正夫氏と松山樹子さんは、日本でバレエ「白毛女」の創作にとりかかろうとした時、日本には「白毛女」の資料がなく、中国演劇家協会に手紙を送った。演劇家協会の主席は田漢氏だった。

　その縁で田漢氏は清水正夫氏、松山樹子さんにとって忘れられない友人になった。

　バレエ「白毛女」の第一回訪中公演で北京に着いた松山バレエ団を北京駅で出迎えたのは、欧陽予倩氏（中央演劇学院院長）、陽翰笙氏（文学芸術界連合会副主席、中国人民対外文化協会副会長）、戴愛蓮さん（舞踏協会

副主席）で、その中に田漢氏の姿もあった。欧陽予倩氏は東京の成城高校を卒業して早稲田大学、明治大学で学んだ中国の著名演劇芸術家で、中国舞踏家協会主席を務めた。そして第二章で述べたように、松山バレエ団の第一回訪中公演の「白毛女」を見て「〈白毛女〉ほど私を感激させたバレエはない」との評を送った著名演劇家、欧陽山尊氏の父である。陽翰笙氏は有名な映画脚本作家でもあり「北国江南」や「天国春秋」「塞上風雲」などの映画で知られる。戴愛蓮さんは中国の有名な舞踏芸術家で国家舞団団長も務め、「荷花舞」や「飛天」などの作品がある。

　第一回訪中公演での北京滞在中に清水正夫氏は対外友好協会の董徳林さんの案内で北京にある四合院の田漢氏の自宅に招待された。そこで著名な京劇俳優の梅蘭芳氏や陽翰笙氏、話劇の俳優と共に鍋を囲み楽しい時間を過ごした。

　清水正夫氏は「田漢さんは奥さんを右手に座らせ、病気の後遺症で不自由だった奥さんの右手をいつもやさしくもんでいた」とその時のことを語っている。

　第一回訪中公演の北京公演が終わり、松山バレエ団一行は北京駅から重慶に向かったが、列車が北京駅を発車すると田漢氏が走って列車を追いかけてきて、松山樹子さんに自筆の詩が書かれた扇子を渡した。それが田漢氏との永久の別れになった。

　その列車では公演を共にした北京青年管弦楽隊も夜行列車の狭い寝台に揺られながら一緒に重慶に向かった。

　松山樹子さんが周恩来総理と初めて会った時に通訳をしたのは趙安博氏、そしてつきっきりで面倒を見たのは後に中日友好協会会長となり日中国交回復に力を注いだ廖承志氏だった。廖承志氏は青年時代、早稲田大学第一高等学院に留学している。廖承志氏はその後、松山バレエ団の公演に種々協力し、第二回訪中公演での北京公演が終わって「お別れの会」を新橋飯店で開き、またその後に北京に戻っての人民大会堂で行われた「祇園祭」の特別公演で毛沢東主席の見学を取り持つなど、親身に松山バレエ団を応援した。

　廖承志氏とは文化大革命で会えない年月が続いたが、第四回訪中公演の時に再会でき、松山樹子さんは「親に巡り合えたような、言い知れぬうれしさに包まれた」と語っている。廖承志氏が松山バレエ団の公演会場を訪れたことは、翌日の人民日報で報じられた。

　第四回訪中公演旅行では中日友好協会の唐家璇氏が団長付きで終始松山バレエ団の世話をし、宋之光駐日大使夫人の李清さんも合唱隊の一員として一緒に旅をし、上海舞踏学校のオーケストラと指揮者、合唱隊が全公演に協力している。唐家璇氏はその後、中国外交部部長、国務委員を歴任している。

　1978年の第八回訪中公演で、夜十時を過ぎて空港に松山バレエ団を出

唐家璇氏と清水哲太郎氏、森下洋子さん

105

迎えたのは王炳南中国人民対外友好協会会長、周巍峙文化部副部長、林林中国人民対外友好協会副会長、かつて東京工業大学でも学んだ孫平化中日友好協会秘書長（後に友好協会会長）や中央歌劇舞劇院バレエ団の団員たちだった。

　松山バレエ団の訪中公演には毛沢東国家主席、周恩来総理を初め、劉少奇国家主席、李先念国家主席、朱徳全人代常務委員会委員長・国防委員会副主席、董必武国家副主席、陳毅副総理、賀竜元帥、江沢民国家主席など、錚錚たる歴代の中国首脳が臨席している。その時、毛沢東主席や周恩来総理の通訳を務めた林麗韞氏は松山バレエ団の初めての「白毛女」訪中公演を観たが、2011年の第13回訪中公演でも涙を流しながら観賞した。

　2017年5月25日の人民網日本語版に「中国の熱烈なファン3人が語る松山バレエ団」が掲載されている。

　一人は第五章でも紹介する清水正夫氏と松山樹子さんと長い交流を続けた音楽家の尹建平氏。尹建平氏は19歳の時、北京芸術団として来日した時、芸術団の接待を務めた清水正夫氏が歓迎会の席で話した次の言葉を今も覚えている。

　「私は中国を最も愛している日本人で、中国文化を最も愛している日本人でもあり、さらに中国人に謝罪する日本人でもある」

　芸術団の全員はこの言葉に衝撃を受けたという。

　もう一人は上海バレエ団団長の辛麗麗さん。辛麗麗さんは1987年と2007年の2回、ニューヨーク国際バレエ

コンクールで森下洋子さんに出会った時のことを、「彼らはバレエを神のように崇めていた。森下さんは60歳でも〈くるみ割り人形〉を演じていた。私は当時、それを見ながら思わず泣いてしまった。芸術のために狂おしいほどにすべてを捧げるその精神に驚かされた」と語っている。

さらに辛麗麗さんは松山バレエ団について「清水正夫・松山樹子夫妻とその息子の清水哲太郎氏、それから森下さんと中国の間には、切っても切れない縁がある。周恩来総理は1971年、私たちのバレエ団がつくった〈白毛女〉の衣装をプレゼントした。その後、この〈白毛女〉のかつらが古くなっているのを見て、サプライズで、新しいかつらを森下さんにプレゼントした」と語っている。

上海バレエ団が「くるみ割り人形」の公演の練習を始めようとすることを知った清水正夫氏は代表団を率いて上海にかけつけ、松山バレエ団の「くるみ割り人形」を無償で全て披露した。またバレエ衣装の生地を買おうとしていた辛麗麗さんに「必要なら私がプレゼントします。日中友好のため、バレエ外交のためにも必ずサポートします。私たちはアジアのバレエ、中国のバレエを振興するのです」と語ったという。

今一人は松山バレエ団の熱烈なファンの鄭健強氏。鄭健強氏は1958年の初回訪中公演のプログラムや「解放日報」「新民晩報」に掲載された公演の記事を切り抜き、さらに1964年、1971年、1978年、1984年の訪中公演の

プログラムを今も大切に持っている。

　そんな鄭健強氏が2011年に上海大寧劇院で松山バレエ団のバレエ「白毛女」を鑑賞した時の想い出を語っている。「その公演では私を含む多くの観客が感動のあまり涙を流していた。彼らの熱意に深い感銘を受けた観客たちは、まるで〈白毛女〉の時代にタイムスリップしたような錯覚を覚えたためだ。さらに私を感動させたのが森下さんだ。彼女は当時すでに63歳にも関わらず、バレエを続けており、この芸術をたゆまず追い求める精神、中国文化への理解と熱意に非常に感銘をうけた」と話している。

　清水正夫氏と松山樹子さん、清水哲太郎氏、森下洋子さん、多くの松山バレエ団の団員を支えたのはたくさんの中国の友人との交流だった。

心のやさしさ

　清水正夫氏の書いた『はるかな旅をゆく』のまえがきに次の文がある。

　「国交回復の少し前に小さな飛行機で北京から上海に向けて飛んだとき、機内に〈白毛女〉の〈北風吹〉の曲が流れてきました。このときも涙がとまらず、同行した唐家璇さんが私をみてとまどったような顔をしていました」

　以下は「北風吹」の歌である。

北風那個吹　雪花那個飄
雪花兒那個飄飄　年来到
爹出門去躲帳　整七那個天
三十兒那個晩上　還没回還

北風ふいて　雪がひらひら舞う
雪の華が舞い　お正月がやってくる
おとうは借金が払えずに家を出てもう7日になるよ
大晦日だというのに　まだ戻らないよ

　清水正夫氏は「〈白毛女〉の〈北風吹〉の歌は、中国か
ら日本へ、そしてまた中国へ、それからまた日本へと行
ったり来たりしているのです。人間を愛し、国を愛する
人々の心は、どんな険しい山も、荒々しい海も飛びこえ
て伝わるのです」（『はるかな旅をゆく』）と語る。

　映画「白毛女」を見て感動し、涙を流し、「北風吹」
の歌を聞き、また涙をながす。そして「白毛女」をバレ
エに取り入れる。それは心のやさしさがあってこそでき
ると思う。

　その心が無ければ映画の「白毛女」を見ても、中国は
たいへんな国、悲惨な国、かわいそうな喜児で終わって
しまうだろう。

　また清水正夫氏は、松山樹子さんから受け継いで喜児
を踊る森下洋子さんの姿を見ながら次の歌をつくった。

北風は小さな愛をのせて頬をたたく

　　人はめぐまれるとき愛をわすれ

　　かなしいとき愛を思い出す

　　人は何のために踊るのか

　　それは北風だからです

　　北風はピューピューと泣き

　　小さな愛をのせて踊るのです

　清水正夫氏は松山バレエ団のバレエの旅は、はるかな
国々の舞台に向かって限りなくつづくと思いながら松山
樹子さんや森下洋子さんが喜児を踊る姿を見、「北風吹」
の歌を聞いた。

　1975年、北京芸術団が来日し、東京、横浜、大阪、
京都、札幌など全国で公演した。

　清水正夫氏と松山バレエ団は公演の全行程にわたり芸
術団の世話をした。京都公演で歌手の李双江さんの「北
京頌歌」が流れだしたとき、舞台の時限爆弾を爆発させ
ると右翼から電話があった。清水正夫氏は数十人のボデ
ィガードを集め公演を守った。東京でも芸術団が泊るホ
テルに右翼の街宣車が押しかけたが、清水正夫氏は玄関
に立ち黙々と警戒を続けたという。

　清水正夫氏と松山樹子さんは人を愛し、喜児を愛し、
国を愛し、そして中国を愛し、中国人を愛したのだと思
う。

　二人はやさしさと同時に、心の芯の強い人、自分に忠
実で自分の信念を貫く強い意志力、行動力を備えた人だ

ったのだろう。そうでなければ、心ない反発、非難、攻撃があった中でこれほど長きにわたっての絶えない中国との交流は続けられなかった。

平和への願い

清水正夫氏は『はるかな旅をゆく』で松山樹子さんの性格に触れ、「松山はつねに過去のことはきっぱりわすれてしまおうという性質でした。過去には全くこだわらない性格でした。しかし敗戦を通しての苦しみで、これではいけない。戦争をわすれてはいけない、過去をわすれてはいけないと思うようになった」と語っている。

清水正夫氏も松山樹子さんも戦争を忘れず、中国と中国人への愛を忘れず中国との交流を続けた。松山樹子さんは周りの人が戦争に駆り出され一人でバレエのレッスンに励んでいた時のことを、「日本の国民の生活は苦しくなる一方で、心の底で戦争を嫌いながら、逃げ出すことも戦争反対を叫ぶこともできなかった」と語っている。

清水正夫氏と松山樹子さんの心には侵略戦争への憤りがあっただろう。その憤りは平和への願いとなり、侵略の被害を受けた中国人への謝罪の気持ちにもなって、なんとしてでも中国との交流、友好を続けようとの思いになったのではないだろうか。

先に述べた『上海ブギウギ1945』には李香蘭さんの戦時下の苦しみが書かれている。

李香蘭さん、本名、山口淑子さんは満州生まれで、当

111

時暮らしていた奉天ラジオ局で13歳の時に「李香蘭」の名前で中国人としてデビューした。

「私の活動の中心は、所属していた満州映画協会でした。監督とかカメラマンとかに日本人もいましたが、多くは中国人でした。彼らが働いているのは生活のためであって、けっして日本にいい感じを持っていたからではありません。パーティなんかの時に最後にご飯が出ますが、いっしょにいる中で日本人には白米が、中国人にはコウリャンが出るのです。そんな時、私は中国人の側に座りました。彼らはわたしが日本人であることはもちろん知っていましたが、わたしに何でも話してくれました。わたしたちが話している時、日本人がやってくると、彼らは急に話題を変えるのです。わたしは日本人につけばいいのか、中国人につけばいいのか、悩み続けていました」

李香蘭さんは終戦の玉音放送（天皇陛下の言葉を伝えるラジオ放送）を聴いて、上海のフランス租界の家を一人飛び出し、上海の街を感情のままに走り周って無我夢中で飛び乗った黄包車の上で、日本人なのに中国人女優としてデビューしてからの七年分の涙が一度に溢れて声を上げて泣いた。その時、李香蘭さんは眼に映る街が紛れもなく中国の街であると思うと言い知れない感動が込み上げてきて、「昨日まで日の丸が掲げられていたビルに、今、中国の旗がはためいている。中国の大地に中国の旗が立つ、これで当たり前なのだ。いや、これが当たり前なのだ。これからは中国人も、日本人も、もう死ぬ

112

ことはない」とそう思うと涙が止まらなかったと語った。

　上海を離れる船の上で「サヨウナラ私の母国、中国」と叫んだ李香蘭さんについて、『上海ブギウギ1945』の作者の上田賢一さんは「祖国日本と母国中国との間で引き裂かれ続けた山口淑子さんの女優（李香蘭）は終わった」と記している。

　第三章で日本人が忘れてはならない周恩来総理についての二つの出来事を述べた。その一つは日本人戦犯に対する「戦犯も人間であり、制裁や復讐では憎しみの連鎖は切れない」の周恩来の言葉である。その言葉のもと、日本人は中国人がコウリャン飯を1日2食しか食べられない中で、白米を食べて戦犯管理所で暮らした。しかし李香蘭さんが語ったように日本統治下の満州では日本人には白米、中国人にはコウリャンだった。

　「中国の大地に中国の旗が立つ、これが当たり前なのだ」と叫び涙を流した李香蘭さんも松山樹子さんも日中の平和と友好を心の底から願いながら中国を愛し続けた。

　松山樹子さんは島崎藤村の『破戒』を、嗚咽をこらえ読んだ。嗚咽の向こうには戦争と中国と親しくする松山バレエ団を攻撃する社会への激しい憤りもあっただろう。

　松山樹子さんと李香蘭さん、筆者は二人に重なる心を感じる。

信念を貫き通す

　「白毛女」のような革命劇がバレエになるのかと言わ

れ、様々な妨害にも耐え、経済的にも政治的にも中国への渡航、中国での公演も困難ななかで清水正夫氏、松山樹子さんは中国との交流、公演を続けた。二人は「芯を貫き通す、信念を貫き通す人」だった。松山バレエ団が公演した「煙突の見える広場」の煙突のように一本の貫かれた芯を持つ人だった。

　松山樹子さんが読んだルソーは、自身が創作したオペラ「占者」が絶賛されフランス王室でも大変な評判となり国王、王妃や宮廷の人々のいる前に出ることになった時、飾らない普段の服装で出た。その時ルソーは「服装だって、これが普通で、別段よくもなければ、わるくもないんだ。いまもし何かでふたたび世論に屈従しはじめると、すぐもう何もかもそれに屈従するようになってしまう。つねに自己であろうとするためには、どこに出ても、自分のえらんだ生活法に従った服装をするのを恥じてはならない。外形はおそまつで無頓着だが、垢もついていなければ、不潔でもない」（『告白録』）と語っている。

　またルソーは王室から賞賛を受けて、王室から年金をもらうために国王に拝謁する絶好の機会を自ら絶った。その時のことを「それでは、いわばそこまできている年金を、棒にふるのだ。しかし、またそれで、年金のために負わされる束縛からはのがれるのだ。真理、自由、勇気への決別。そんなことになれば、以後、どのようにして、独立や、無私を口にすることができるのだ。この年金を受ければ、もうお追従をいうか、でなければ口をつ

ぐむよりほかにない」(『告白録』)

　ルソーは年金を断念して信念を貫いた。

　ルソーは自身の性格についても、「真であるもの、美しいもの、正しいものへの熱愛、あらゆる種類の悪に対するこの嫌悪、にくむこと、傷つけること、いや、そういう気持ちをおこすことさえできないこの性格、何によらず、品性の正しい、愛情のゆたかな、心のこもったものを見れば、すぐにこみあげるこの感激」(『告白録』)と述べている。

　清水正夫氏も松山樹子さんも、その思想信条はルソーと重なる。

清水哲太郎氏

　清水哲太郎氏は1948年に生まれた。

　松山樹子さんは子息の清水哲太郎氏の幼い頃を振り返り次のように語っている。

　「哲太郎の幼い頃、旅の公演の度に両親が出かけその間に親戚に預けられるので、子供心にずいぶん寂しい思いをしたはず」(『はるかな旅をゆく』)

　清水哲太郎氏は松山バレエ団の団員の人たちやお手伝いさんにかわいがってもらい育った。松山樹子さんは毎日、バレエに追い立てられ幼い子供の面倒を見てあげる暇もなく、つらくなり、哲太郎氏に「ママ、バレエを辞めましょうか」と問いかけたそうである。その時、哲太郎氏は「辞めなくてもいいから、忙しくないバレエをや

って」と答えた。

　そんな清水哲太郎氏は1966年5月、高校を卒業後すぐに中国に留学した。まず北京中央バレエ団に入り、ピアノを習いながらバレエの稽古を続け、北京語言学院で中国語を学んだ。1966年は中国が文化大革命に突入したたいへんな時代だった。

　語言学院での生活もたいへんで食事も洗面器のごはんと汁だった。その時の様子を清水哲太郎氏はこう語っている。「訪中公演のお客様扱いから、ひとりの日本人留学生としての生活が始まったのです。このことは僕にとって決して悪いことではなく、むしろよかったのです。自分で自分をきたえるときだったのです。朝起きてから、語言学院の授業を受け、午後は一時間以上かけ自転車で北京中央バレエ団へ通い、稽古をするという毎日です」（『はるかな旅をゆく』）

　凍てつく寒い日もオーバーを着て手袋をはめ自転車で北京中央バレエ団に通った。

　1967年から文化大革命の嵐は激しくなり、北京語言学院や北京中央バレエ団でも激しい討論が交わされたという。北京中央バレエ団の政治芸術活動を横目で見ながら稽古訓練プラクティスを続け、もともと音楽学院で指揮を勉強するつもりで中国に留学したが、北京中央音楽学院での指揮の勉強は困難と同時に踊りへの思いも強くなり、後に北京中央バレエ団の主役級の踊り手になって1978年の松山バレエ団の第八回訪中公演で一緒に二か月間の公演をすることになる友人の盛建栄氏と共に北京

中央バレエ団の更衣室にベッドを運び入れ寝泊まりして
バレエの稽古を毎日早朝から深夜まで続けたという。

　清水哲太郎氏は二年間の中国生活で得た教訓を次のよ
うに語っている。

　「日本的角度から中国を見ると、民主主義的な考え方
などないように見えますが、我々の西側に偏った流儀と
は全く違う全地球の大地に強烈に打ちつけるような独特
な民主主義が、中国人なりにある。中国の人をみている
と、とことん自分を生かして、主体的に生きていこうと
している。自分ものんびりしていてはいけない。もっと
全世界の中で一個のアジア人のバレエアーティストとし
て主体的に生きていかなくてはいけないと考えるように
なり、僕は全世界のバレエ芸術、舞台芸術界で人類の俯
仰不屈の精神を判断基準として人間の美を創ってたくさ
んの人々に届けよう！それが文化大革命の二年半を通し
て、最も勉強になったいちばんの収穫であった」

　文化大革命の真っただ中に入り、しかもそれを進める
学生たちの中で文化大革命の嵐を体験し、実際の現場を
見た日本人は清水哲太郎氏の他には少ないだろう。

　清水哲太郎氏にとって、中国での二年半は自身が生き
る道はバレエと決意させ、バレエの意義をつかみ、自分
の意思で踊ることを決意させ、主体的に踊ることの大切
さを学んだ二年半で、それが後々の清水哲太郎氏の人生
の出発点にもなった。

　そして清水哲太郎氏は日本では東勇作氏、松山樹子さ
ん、さらにモナコでマリカ・ベゾブラゾバ、ニューヨー

クでスタンリー・ウィリアムスに師事し、これまで日本以外でもアメリカ、イギリス、フランス、ドイツ、オーストラリア、イタリア、中国など多くの国で公演し、国内外のコンクールで審査員も務める。

　1980年に文化芸術祭大賞を受賞し、2005年には紫綬褒章を受けるなど巻末に掲載しているように数々の賞を受けている。現在は公益財団法人松山バレエ団、松山バレエ学校総代表、舞台芸術総監として夫人の森下洋子さんと共に松山バレエ団を率いている。

森下洋子さんと踊る清水哲太郎氏

清水哲太郎氏

松山バレエ団団員と森下洋子さん、清水哲太郎氏

　2020年、2021年は新型コロナウィルスで大変な時だった。松山バレエ団も多くの公演が中止になり、バレエ教室での活動も休止せざるを得なくなり、関係する人々は窮地に陥った。そのため松山バレエ団は2020年6月に「公益財団法人松山バレエ団・松山バレエ学校を救う声」と題し、"2020感染症勃発時特別寄付金"によって寄付金を募った。

　そのお願いの文に次の言葉がある。

　「私共、公益財団法人松山バレエ団は、（芸術は人を選ばず！）（芸術は美しさ、醜さ、美醜の差別の念を持たず）ということを信じ"芸術は人々の幸福の為にある"と信念をもって進んでまいっております。芸術というもの自体は無色透明で、人間界にこれっぽっちも圧力をかけるものでなく、人間界の方が文化芸術を選んで色をくすませている、と考えております。それは、人間が自分さえよければ、と自分にとって都合のよいエゴイズムのテクノ・技術としてしか芸術文化をとらえられないところからくる、芸術文化からのしっぺ返しかもしれませんが、人類が正しく前に進む為、次々と湧き起ってくる時代、時代には、やはり大自然とこの地上界の真理から、芸術文化のまっとうなあり方を踏んでいく、変化につぐ変化、新鮮さにつぐ新鮮さと地道な営みが必ず必要だと、天から要望されていると思っております。芸術は、心に、（美しさ、醜さ、美醜の差別の念）が全くないので、全ての人を、美しい心に立ち返らせる"気づかせ"、"呼び覚まし"を一瞬で理屈なしにしてくれる、次に来るその

人間の創造性発揮力に絶大なエネルギーを与えてくれる、偉大な力があることを、信じております」

清水哲太郎氏は2020年、武漢が苦境にあるとき中国大使館に消毒液とマスクを贈り、松山バレエ団の団員と共に「山川異域 同月同天」、"私たちは中国を愛しています、武漢がんばれ"のエールと共にバレエを踊り、「義勇軍行進曲」を唄って武漢の人々を見舞い、励ました。清水哲太郎氏は「数千年もの長い間、中国は日本に大切なことを教え続けてくださいました。人間の最も大切な瞬間は一番苦しい時です。その時こそ、人の力が一番あふれ出る時なのです。めげず、くじけず、へこたれず、あきらめず、この目に見えない疫敵と粘り強く闘って、必ずや勝利を呼び込みましょう」と述べた。

中国国際友人研究会副会長の呉従勇氏は日中国交正常化前の1972年、孫平化氏率いる「上海劇団」が来日した時に一緒に付き添い来日し、松山バレエ団と親交ある人であるが、呉氏は武漢がんばれの励ましを見て「中国への松山バレエ団の心は世代を経ても変わらない」と語っている。

「バレエという芸術で、日本と中国の文化交流を主軸に細い糸のような橋をかけるのに生涯をかけようと思う」と語った父、清水正夫氏、島崎藤村の『破戒』を嗚咽を堪えて読んだ松山樹子さん、その二人の血が清水哲太郎氏に受け継がれている。

1978年に松山樹子さんは現役を引退したが、その後80年代になり清水哲太郎氏が演出や振り付けで頭角を

現すとバレエ劇の創作でも哲太郎氏に道を譲った。森下
洋子さんも後に「(松山樹子さんの) 引き際は潔かった。
肉体的には踊れたのに後は任せたという感じだった」と
語っている。きっと清水哲
太郎氏、森下洋子さんがい
てこそ安心してバレエも中
国との交流も任せられたの
だろう。長い中国との交流、
バレエ「白毛女」の公演は
清水正夫氏、松山樹子さん
の想いを最もよく知る清水
哲太郎氏とその夫人の森下
洋子さんに受け継がれ、今
も続く。

清水哲太郎氏と森下洋子さん

森下洋子さん

　2021年9月に松山バレエ団は森下洋子さんの故郷、広
島で公演を行っている。

　その時、中国新聞のインタビューに答え次のように森
下さんは話した。

　「毎日練習して1mm一秒一瞬、こつこつと積み重ねる
ことでしか表せないものがあるんです。正しい信じるに
足る基本を繰り返して体に染み込ませ、舞台で死に切る。
一日一日を大切にしながら体と心を整え、舞台で死に切
る。表現はそこから出てくるから」

「バレエに出会えてとても幸せな人生。やめようと思ったことなんて一度もない。一人では続けられなかった。支えてくれる周りの人たちに感謝の気持ちでいっぱい」

　森下洋子さんは幼い頃、体が弱く医師から運動を勧められ、自宅の前の幼稚園のバレエ教室に三歳で通った。小学校六年で上京して葉室潔氏、洲和みち子さん、橘秋子さんに師事。20歳で米国に留学し、さらに欧州に行ってモナコでマリカ・ベゾブラゾバのレッスンを受けた。また20世紀を代表する舞踊家のルドルフ・ヌレエフと英国エリザベス女王戴冠25周年記念公演で共演した。1982年には日本人として初めてパリ・オペラ座に出演した世界のプリマバレリーナである。巻末に掲載しているように1976年に「白鳥の湖」で文化庁・芸術祭大賞を受賞するなど数えきれないほど多くの賞を受け、2021年に「森下洋子　舞踊生活70周年祝賀記念会」を終えてもなお舞踊家として活躍を続けている。現在は舞踊家であり公益財団法人松山バレエ団理事長・団長としてもバレエ団の支えとなっている。

　森下洋子さんにとってバレエ人生最大のターニングポイントは松山樹子さんとの出会いだった。森下さんは「白毛女」を踊る松山樹子さんに感銘を受け、1971年に松山バレエ団に入団した。初めて「白毛女」を見た時の驚きを、「どうしてだかわからないが鳥肌がたって涙が出た。松山樹子先生の舞台人としての存在自体がすごい。松山樹子というアーティストがすごい」と話す。

　「まだ二十歳を過ぎたばかりでいろんなことを勉強す

るためにも教えてくれ
る人も必要だった」と
松山バレエ団に入った
経緯を語る。既に世界
的なバレリーナの道を
歩んでいた森下洋子さ
んのその謙虚な姿勢が
バレリーナとしてさら
なる高みへと導いたの
だろう。その三年後に
は世界三大コンクール
の一つであるブルガリ
ア・ヴァルナ国際コン
クールで日本人初の金
賞を受賞した。その時、
清水哲太郎氏もダブル
受賞している。

第7回ヴァルナ国際バレエコンクール金賞
「白鳥の湖」より黒鳥のパドドゥの森下洋
子さん（1974年）

　森下洋子さんは2017年の朝日新聞のインタビューに
答え、松山樹子さんとの出会いを振り返り「欧米でも
色々な舞台を見て、きれいで豪華だったけれど、これほ
ど心に〝どすん〟と来るものはなかった。魂に響き、こ
の人に教わりたいと思った」と話している。森下洋子さ
んには当時欧州のバレエ団から誘いもあったが、松山樹
子さんが踊る「白毛女」を見た翌年に松山バレエ団に入
った。

　清水哲太郎氏は森下洋子さんのことを「受け取る力」

がすごい。世界の指導者のアドバイスを自分のものにしてしまうと語る。

森下洋子さんの母、祖母は原爆被爆者である。だから森下さんは「私にはバレエを通じて平和への道を進んでいく大きな使命がある」と言う。「国と国との絆は人間同士がいたわり、助け合って生まれる。私は舞踊の根底に平和への祈りを込めています」とも話す。

森下さんにとってバレエとは「生きる喜びを観客に伝える素晴らしい芸術」である。

「はるかな旅」の中で、清水正夫氏は第四回訪中公演における森下洋子さんの成長を語っている。「彼女の若さが、中国のよい面をぐんぐん吸収し、精神的な糧としていったのです。長いあいだ、バレエ界のなかでも、華やかな世界に生きてきた森下洋子にとって、中国という国は、百八十度ちがった世界であったのかもしれません」

森下洋子さんもその時の印象を語っている。

「はじめのうちは、正直いってとまどいを感じました。すべてが日本とあまりにもちがいすぎているからです。たとえばちょっとしたことですが、お茶を飲みにいくことも、映画をみにいくことも少ないし、きれいな洋服を着ることも少ない生活のようですから。そのうち、松山バレエ団で踊っていくなかで、バレエと喜児を通して中国の本質、人間の真理、原理原則を学んでいったのです」（『はるかな旅をゆく』）

森下洋子さんは、周囲の人に中国のことを教わり、喜

児の生活についても教わり、教わっているうちに自然と戸惑いが消えて、究極は中国では何もいらないのかと中国のことがわかってきた。着飾る必要もなく、見栄をはる必要もないし、つまらないことで恥ずかしがる必要もない。中国の人は何にもしばられず、何も怖くない。人はくだらないことにとらわれなくなると強くなれる、そういう強さと逞しさを中国人はもっている。そんなことが次第にわかってきたと語っている。

　森下洋子さんは中国の人たちの目がとてもきれいなことに感動した。どんな人でも、澄んだ美しい目をもっている。喜児はきっと、もっともっと美しい目をもっていたのだろうと思いながら懸命に踊りつづけたと言う。

森下洋子さんと「白毛女」

　喜児、そして「白毛女」を踊り続けるには松山樹子さんが求めたように心を磨き、魂をみがくことが大切なのだと思う。それが喜児と「白毛女」への敬意であり、また喜児、「白毛女」を踊る資格なのかも知れない。

　森下洋子さんもバレエには何ものにも負けない強い「心」が必要という。「心」は、肉体が死亡したのち骨となっても人々の心に語りかけることができるという。

　「一瞬のうちに消えてしまうバレエ、その消える前に人々の心の中に永遠に刻みこむことができるかどうかが、芸術となるかならないかの境目なのです。そのためには、演出に振り付けに、そして舞踊家の演技に（心）がなけ

ればならないのです」（森下洋子『バレリーナの情熱』角川文庫、1994年）という。

　森下洋子さんは「動き（振り、踊り）そのものが人間に化け、心（精神、思想）そのものも人間に化け、外観上の区別があっても同一、一体のものが舞台上で魂と感情の持続的変化を続けているのが舞踊、踊り、バレエ」と話す。

　森下洋子さんは、技術のともなわない作品は人々を深く感動させることはできないが、技術だけのバレエは人々の心には入り込めないと言う。

　森下さんは1970年に松山バレエ団に移籍後すぐに松山樹子さんから「〈白毛女〉をやりなさい」と言われた。その時の印象を「すごく嬉しかった。〈白毛女〉を踊りたかったから。松山先生もよく教えてくださった」と語った。

　森下洋子さんは松山樹子さんから受け継いだバレエ「白毛女」をどのように考えていたのだろうか。先に述べたように初めて松山樹子さんの「白毛女」を見た時、鳥肌がたって涙が出たという。さらに次のようにも語る。

　「普通のクラシックだと強さとか、たくましさとかというものをあまり出さない。〈白毛女〉を踊るということは、ずしんとひとつ、たくましさや強さというものを持たなくてはいけない。人が生きていくのに絶対的に必要な強さとか、あたたかさとか、明るい前向きなたくましさを前面に出さなきゃいけない、あれだけのすばらしい作品で、自分たちで道を切り開いていったのだから、

126

そういうものを出していかないといけない」

　また、かわいかった喜児が厳しい自然の中で「白毛女」となり生き延びたその強さを踊りで表現すると同時にその踊りは美しくなければいけない。ただ強いだけでなく美しくないといけないとも語る。やはり喜児は松山樹子さん、森下洋子さんにとってバレエ人生で特別な重みを持った存在だったのだろう。喜児は恋人の大春と再会する。その時、大春が身に着けている紅紐を見て、喜児が贈った紅紐をいまも大春が身につけてくれている。「白毛女」には、そんなすごくドラマチックな要素もある。森下洋子さんは「白毛女」をそのようにも表現している。そして松山樹子さんも森下洋子さんも「白毛女」を踊ることによって自らの精神を鍛えていった。松山樹子さん、森下洋子さん、松山バレエ団の人々は「白毛女」そして喜児と共に成長し、それが長い中国との交流、公演を支えた。

四人の白毛女　王昆女史・森下洋子さん・田華女史・郭蘭英女史（2004年）

「白毛女」を踊る森下洋子さん

松山バレエ団を支えてきた団員たち

　松山バレエ団と中国との友好、交流は清水正夫氏や松山樹子さん、清水哲太郎氏、森下洋子さんの努力だけで果たされたのではない。その人たちを支えて公演を続けた団員があってこそ達成できた。文化大革命の頃、日本では中国との友好を進める団体に対して中国と手を切るように組織的な圧力もかかり、松山バレエ団の団員には直接、バレエ団を辞めるような妨害が行われた。松山樹子さんは、怒りで夢にうなされる夜もあったと言う。夢の中で団員に対し退団をけしかける首謀者の顔を殴りつけたそうである。公演への妨害で公演の出演料や交通費なども支払われないこともあった。大阪などの関西の松

山バレエ団関係者にも圧力があったが、どんなに甘い言葉が投げかけられても、そんな誘いに応じなかった人々により松山バレエ団の絆はさらに深まった。

　妨害があったからこそ松山バレエ団は強くもなったのだろう。それを機に毎年、春と秋に自主公演ができる体制をつくるなど、かえってバレエ団としての組織も強くなった。

　松山バレエ団が中国公演を始めた時代、その後もしばらくは団員がバレエだけで生活を維持していける環境ではなかった。現在のようにバレエが一般の人々に広く受け入れられるような状況ではなかったし、バレエの公演回数も限られ、多くの子供たちがレッスンでバレエ教室に通う時代でもなく、多くの団員はアルバイトをしながら生活を維持して中国公演に参加した。その公演も広い中国では日本の公演環境とは全く異なる。中国での公演は始まるのが遅い。夜の7時半とか8時に始まり、公演二日目は片づけてホテルに戻るのは朝になり、少し寝て次の会場に飛行機で移動する。しかしどこに行っても大歓迎でそれが励みにもなりみんなが頑張れた。

　松山バレエ団の人たち全てが、バレエが好きで、バレエ団が好きだからこそ続いたのだろう。そして、清水正夫氏や松山樹子さんの人間味にも魅かれたからだろう。

　1972年、上海舞劇団が来日して東京の日生劇場や各地で「白毛女」などの公演をしたが、右翼の脅迫や公演への妨害が続いた。右翼が押しかけ会場周辺には殺気立った空気が漂った。清水哲太郎氏と田中俊行氏の二人は、

上海舞劇団の人たちと公演を守るために毎夜の公演の折、開幕から終幕までずっと立ちっぱなしで、日生劇場のプロセニアムアーチの客席に一番近い舞台袖に「白毛女」の衣装を着て不測の事態を想定して待機していた。脇には発煙筒を投げる妨害に備えて、厚手の毛布と水の入ったバケツ、そして軍手とビニールシートなどを抱えて立ち続けた。それは後に中国要人の耳に入り、中国と日本の文化芸術人同士の深い情愛のなす業だと感動されたという。右翼の妨害は大音量のスピーカーを使った街宣車の妨害活動だけではない。過激な暴挙、暴力行為もある。右翼の暴挙で過去、日本では何人もの人が命を落とし負傷している。そんな右翼の行動を目にすれば多くの人は恐怖で心も萎える。しかしそんな妨害にも動じず、誇りと信念をもって公演活動を続けた団員がいてこそ中国との交流が維持できた。

第 五 章

未来へ受け継がれる
心のバレエ

五代喜児

　2019年11月3日、CCTVで「中日五代喜儿共舞白毛女」という番組が放送された。

　番組には初代オペラの喜児（喜儿）で当時97歳の孟于さん、オペラ二代目の喜児、郭蘭英さん、オペラ三代目喜児、雷佳さん、バレエの喜児、石鐘琴さん、そして森下洋子さんの五人の喜児が出演した。番組ではそれぞれが「白毛女」と喜児の想い出を語った。

　オペラ「白毛女」の初代喜児は三人いる。主演の王昆さんと、孟于さん、そして林白さんであるが、王昆さんと林白さんは既に他界された。

　孟于さんは「白毛女」は当時、魯迅芸術学校のトップの実力者を集めてできたチームだったが、その創作過程は順調ではなかった。「北風吹」の曲は20回も書き直し、作曲者は夜中にランプの油をもらいに孟于さんの部屋まできたという。また孟于さんは都会育ちで喜児の役づくりのために農村の土地改革運動に参加し、農民から話を聞いて喜児の役作りに生かし、それで喜児に感情がこもったと言う。

　オペラ二代目の喜児、郭蘭英さんは三代目の雷佳さんに教える時、自分に対しても、また芸術に対しての責任からも常に心を込めて全力で教えたという。喜児が泣く時には本当の涙を流し踊ったという。

　やはり喜児にはそれを演ずる人にも、それを見る観客にも、喜児の心の深淵に迫らせる目に見えない力が備わ

132

っているのかもしれない。

　森下洋子さんは周恩来総理から贈られたかつらと衣装を大切にして今も使い、喜児を踊る時には周総理のやさしい笑顔がいつも浮かぶと言う。

　番組では森下洋子さんと石鐘琴さんがいっしょに喜児を踊った。そしてオペラの初代喜児、王昆さんのご子息である周七月氏が森下洋子さんと石鐘琴さんに花束を渡した。

　周氏は「両親が生きていた時にはいつもこの花を見ていた。母はいつも自分が一番良いと思うものを人に贈るのが好きだった。松山バレエ団と中国の舞踊団が公演した時、母は自分の故郷の棗を二箱持って会いに行った。皆さんはとても喜んでくれ、そのことを母はずっと私に語ってくれた。1958年、松山バレエ団が中国で公演した時、松山樹子さんたちは本家のオペラ〈白毛女〉を観たいと言った。そのため天橋劇場での松山バレエ団の公演が終わった途端、全スタッフが一斉に道具を変えて、母が他の団員たちとオペラ〈白毛女〉を踊りました」と語った。

　これから「五代喜児」は「十代喜児」になり、さらに「百代喜児」になっていくだろうか。いや必ずそうなるに違いない。「白毛女」と喜児は国を越えて人々をつなぐ底知れない「環」の力を秘めていると思う。これから百年先においても中国でも日本でも「白毛女」を観て人々は涙を流すだろう。

　きっとその涙は何のわだかまりも、偏見も、憎しみも、

批判もない、虐げられた人々の苦しみを分かち合う美しい、純真な涙であると思う。それこそ清水正夫氏と松山樹子さんが望んでいたことと思う。この本の最後の章で、これからの松山バレエ団、これからのバレエ「白毛女」に思いを巡らしたい。

喜児を踊る森下洋子さん

さようなら、清水正夫氏、松山樹子さん

　中国国際文化交流センター理事で、中国舞踏家協会終身会員である尹建平氏は清水正夫氏と松山樹子さんと長年の深い交流を持った人である。尹建平氏は1975年、20歳の時に中国・北京芸術団の一員として来日した。清水正夫氏から親身な世話を受けたことを「忘れがたき

交流　私と清水正夫さん」の文に綴っている。来日公演を終え帰国する時、清水正夫氏から「君は中国にいる私の息子です」と言われ涙したことを語る。

　尹建平氏は2008年6月25日、清水正夫氏の逝去に際し歌曲「晩秋」をつくり、次の言葉を寄せている。

　「また紅葉が舞い落ちる季節になった。秋風が顔をなでる。落ち葉は山のように積もり、春の泥になり、樹木の根を潤す、紅葉は毎年巡り合うが、人生は一度きりだ。あなたの命はもう美しく咲いてきらめいた、天国で安らかに眠ってください」

　尹建平氏は2021年6月25日の清水正夫氏生誕100年に際し「松山異域 風雨同心 故人已去 精神永存」の詩を寄せた。

　さらに尹建平氏は2021年5月22日、松山樹子さんが逝去された時、「さようなら、松山樹子さん」の次の詩を寄せている。

　　さようなら、松山樹子さん
　　バレエの明かりがなくなり
　　太陽は血を飛び散らせている
　　バレエの火が消え
　　月は涙を流している
　　私の心は跪き
　　涙をぬぐいながら青空に向いている
　　さようなら
　　つま先立ちのバレエの女神
　　松山樹子さん

あなたは中日友好の道のりで
日夜奔走していた
あなたは白毛女の物悲しい白髪姿で
胸を張り　頭を上げていた
困難を恐れず
危険を顧みず
富士山の麓で喜児の虹を支え
平和と友情の雄風を巻き起こした
いま　世界は静まり　ただ白毛女の音楽だけ
中国にはあなたと松山バレエ団に
革命バレエの舞姿が残された
バレエの明かりがなくなり
太陽は血を飛び散らせている
バレエの火が消え
月は涙を流している
私の心は跪き
かつての声と姿を思い出している
さようなら
つまさき立ちのバレエの女神
松山樹子さん
あなたは永遠に私の心で生きている

　松山樹子さんは現役を退いてからも松山バレエ団の心
の支えであった。松山樹子さんの葬儀では松山バレエ団
の団員が「いつもあなたはそばにいてくれた。おかあさ
ん。松山先生。愛しています」と弔辞を語り踊った。そ

して孔鉉佑中華人民共和国駐日本国特命全権大使も「平和と発展への希望を伝えた松山先生の舞台は、中日及びアジアの観客に最高の感動を与えた」との弔辞を寄せた。さらに中国外交部　趙立堅報道官は「松山さんは中国の人々の古い友人で長期にわたって中日友好事業に力を注いでおり、彼女と清水さんが共に中日友好で果たした貢献は中日両国の人々に永遠に銘記されるだろう」の談話を発信した。葬儀に際しては天皇、皇后両陛下、美智子上皇后から供花が添えられている。

松山バレエ団創立45周年記念公演 グラン・ガラでの松山樹子さん（1993年）

松山バレエ団創立60周年での清水正夫氏、松山樹子さん、清水哲太郎氏、森下洋子さん（2008年）

より宗教的、精神的に

　日本国内では松山バレエ団は日本バレエ界の先駆者、日本のバレエが世界で認められる道を切り拓いたバレエ団と評価も高い。だが、一方では「宗教的」ともいわれる。

　だが、筆者は絵画、音楽の芸術の道を深くたどれば宗

教的にもなると思う。西欧クラシック音楽は聖堂の教会音楽として発展し、バロック音楽には教会カンタータが多い。

　多くの人がバッハやベートーベンに感銘を受けるのは、そこに宗教的、霊的なものが存在するからだろう。"第九"は苦悩の底から湧き上がる神に奉げる歓喜と思う。

　十八世紀の画家、レンブラントもデューラーもその絵の大半は聖書を題材にしている。デューラーが友に送った手紙には、「神は私にその恩寵を与え給い、その御言葉に励まされる。私たちは人より神に忠実であるべき」の言葉もある。エル・グレコの作品の多くはキリストと殉教をテーマにしたものである。

　芸術に宗教的要素がなく、技巧だけで、人の手を加えすぎるなら時に虚飾の美ともなる。

　筆者はバレエも同じだろうと思う。踊りに心的なこと、霊性や宗教性を求めずに、ただ跳んではねるだけなら身体能力を競う競技と同じだろう。

　また筆者は「宗教的」の言葉を一部の日本人は偏見で使っていると思う。そんな人は宗教を誤解している。日本にはたくさんの神社がありお寺がある。だから日本人は信仰心が厚いと思われるが、そうでもないだろう。正月、お盆、結婚式、葬式だけの宗教との関わりで信仰心が厚いとはとても言えない。「幸せでありますように」と自己本位に神社で祈るだけでは信仰心が厚いとも言えない。自己に都合のいい時だけ祈り、宗教や信仰と軽く関わることがいいことのようにも思われている。そのた

め深く信仰と関わる人は偏見で見られることもある。

　松山樹子さんが感動したルソーの言葉が信仰の神髄を述べているだろう。

　「真の幸福をわけ与えてくれる神にすがって、われわれに必要なものをさずかる最良の方法は、それを乞い求めるよりも、それを受けるに値するものとなることだ」

　筆者はわが身に置き換えてもその実践は難しいと思うが、神に願うより、神が自分に何を願うのか、そこに耳を傾けること。それが真の祈りと思う。

　松山バレエ団が「宗教的」と評される事は、すばらしい事と思う。それだけバレエに真摯に取り組み精神世界を大切にしているからで、「宗教的」の言葉は勲章とも思う。

　清水正夫氏と松山樹子さんは人間としての心を大切にし、それをバレエダンスに求めた。松山バレエ団はそんな二人の思いを受け継ぎ活動を続ける。だから松山バレエ団の活動目的は以下である。

　「この法人は、人類の究極概念である『真・善・美』『愛・誠・調和』『利他』を理念の基礎と置き、この法人の事業目的である、芸術文化並びに舞台芸術を通じて人類の幸福実現に貢献するところの事業領域の隅々にこの基本理念を浸透させ、もって、人類文明の長期的視野からの、繁栄、進化、発展、平和に寄与し、加えて、舞台芸術文化事業が率先して、世の為、人の為となるよう普及向上、調査、研究、啓発、教育、提携、審議、発信、開発、啓蒙に深く貢献するものとする」（松山バレエ団公式HP 概要 http://www.matsuyama-ballet.com/

about_us/outline.html より）

　前に紹介した松山バレエ団の"2020感染症勃発時特別寄付金"の寄付のお願いの冒頭には次のことが書かれている。

　「楽は同を為し、礼は異を為す」（礼記）……芸術文化は、人々の精神・こころを大義に向けひとつに一体化させ、目に見えない絶対的なエネルギーの役を担い、人類を愛で満ちるようにする深い作用を受け持つ」

　中国古典を引用しての切々とした寄付のお願いが、総代表の清水哲太郎氏と理事長・団長の森下洋子さんの名で出された。

　その言葉は、清水哲太郎氏と森下洋子さんの、コロナ禍で身動きがとれず、文化芸術の灯りが消えようとする苦境への訴えと二人のバレエへの想い、その強さに思い到る。

　「バレエという文化芸術は、実演という、現実・実際・リアル・今・只今・生きる一瞬・絶対性という、生で触れ感じる、目の前で生きる人間をつかまえるという方法を通してのみ多くの人々が寄り・集い・結ばれる」

　寄付のお願いにも"まるで宗教団体と同じ"との声もある。だが、コロナ禍でバレエ団が存続すべく寄付を募ることは、当然なことで批判されることでもなんでもない。

　宗教的との声に対し、清水哲太郎氏は「クラシックバレエと宗教（キリスト教）とは色濃い縁があるが、未来の地球人にとっての芸術は宗教を越えていかねばならないし、美は全世界の人々のありふれた日常生活の営みの

140

ひとつともなっていくべき」と語る。

これからの松山バレエ団

　1970年、日中文化交流協会主催の「白毛女」公演が、東京文化会館で行われ、その公演を最後に松山樹子さんは「白毛女」から引退し、日中国交回復直前の1971年の第四回訪中公演では森下洋子さんと佐原冬子さんが交替で「白毛女」を踊った。そして1978年春の松山バレエ団創立三十周年及び松山樹子舞踊生活四十二周年記念公演で清水哲太郎氏振付のグラズーノフ曲の「マズルカ」を外崎芳昭氏と踊ったのを最後にバレリーナからも引退した。松山樹子さん五十五歳の時だった。

森下洋子さんと未来を担う子供たち

森下洋子さんと未来を担う
団員たち

　松山バレエ団がコロナ危機を乗り越え、これからどこに向かうのか。清水哲太郎氏、森下洋子さんは若い団員

をどう育てていくのか。清水正夫氏、松山樹子さんが築いた松山バレエ団の理念が後の世代にどう受け継がれていくのか。日中友好の絆はどう継承されていくのだろうか。

　清水哲太郎氏は後輩に望むことを問われ次のように答えている。「これからの方たちには、人のマネをするのでなく自分たちで"チャレンジャーになって、自分たちで創っていく"、これが大切なことだと伝えたい」（保険クリニック「気になる企業訪問 松山バレエ団」https://www.hoken-clinic.com/expedition/detail23.html）

　また森下洋子さんも同誌のインタビューで「最近はコンクールなどでも技術、テクニックを磨く事に力を入れている方たちが目につきます。しかし芸術はそうではないと思います。芸術は人の心を揺さぶるものです。作品を作る全員が"何でこの作品をやるのか""何を伝えたいか"を全員で解いて心を一つにして踊るのがクラシックバレエだと伝えたいです」と話している。森下洋子さんは今も毎日レッスンを続ける。舞踊生活70年を過ぎた今も、朝は7時半に起き、お風呂でストレッチや腹筋、背筋の運動をし、バレエ団で皆と一緒に基本レッスンを1時間半行い、リハーサルを5〜6時間行う。毎日がバレエのことばかり。稽古を1日休むと自分にわかり、2日休むと仲間にわかり、3日休むとお客さんにわかるという。毎日、稽古のたびに新しい音が聞こえてくる。バレエは私の人生のすべて、呼吸するくらい自然なことと言う。さらに若さには若さの良さがあるが、経験を積ん

で踊り込んで、にじみ出る良さもあるという。

ジゼル第一幕での森下洋子さん

きっと絵画、音楽そしてバレエも芸術の世界には全て共通するのだろうが、若い時にはそのほとばしるような力が作品に現れ、年を取れば年輪を積み重ねて熟成した、若い時には出せなかった崇高な何かが作品に現れるのだろう。それを感じるにはむしろ私たち作品を見る側にも、見る側の心構え、内的な成長もきっと必要なのだろう。森下洋子さんにはこの先もずっと踊り続けていただきたいと願う。それを見ることができる幸せと私たちの内的成長のためにも。

受け継がれる心のバレエ

　清水正夫氏も松山樹子さんも虐げられた人々、貧しい人々に向き合い、心を寄せて、その心を失わずにバレエに取り組んできた。その心があったからこそ映画「白毛女」を見て感動し、バレエで演じることができた。

　松山樹子さんが感動したルソーの『告白』にも同じ心が見える。ルソーは次のように語っている。「オペラの音楽よりもはるかにすぐれ、イタリアにはもちろん、世

143

界のどこにも類がないのは、スクオレ（貧しい少女に教育をさずけるための慈善院）の音楽である。スクオレのそれぞれの協会では、晩祷のあいだに、最年長でも二十歳を越えない娘たちだけでモテットー（ラテン聖歌）をうたう。この音楽ほど官能的で、心をうつものはないと思う。見事な技巧、歌の妙趣、美しい声、正確な演奏、すべてがこの快い合奏のなかにとけあって、衣装の美しさからではもちろんない、それでいて人間のどんな心をもなごやかにいこわせるところの、一種の印象を生み出すのだ」（『告白録』）

　ルソーはイタリアのベネチア滞在中、このMendicanti（貧しい人たち）の晩祷に行くのを欠かしたことはなかった。教会はいつも愛好家でいっぱいで、オペラ座の俳優たちさえ、そこにやってきて真の歌を身につけようとした。

　また、ルソーはベネチア滞在中の神秘体験を述べている。オペラを聞きに劇場に行き、自分だけ桟敷にとじこもるうちに眠り込んでしまった。

　「かん高い、はなやかなアリアは、私の目をさまさなかった。しかし、私をよびさましたアリアのしずかな和声と天使の声のような旋律とが私に与えたあの感覚を、誰が言いあらわしえよう！　耳と目とを同時にひらいたときの、何という目覚め、何という恍惚、何という陶酔！　最初は天国にいるのかと思った。この恍惚とした曲は、いまでもまだ思い出すし、生涯わすれはしないだろう」

　ルソーに感動した松山樹子さんの心のバレエが清水哲太郎氏、森下洋子さん、そして松山バレエ団の後輩に受け継がれていく。そして松山バレエ団の宇宙、地球、人、社会、時代に対するバレエ芸術を通じての問題意識は、西洋文化を無批判で受け入れてきた現代人への警鐘であるようにも思える。

　松山樹子さんは、長年の中国での公演と踊り続けてきた自身の半生を振り返り、「河が流れるように時代が変わり、人間の考え方や生き方も変わっていく。時代、環境、自分の周囲の人間、自分自身も時の流れとともに変わることを受け入れ、その変わり目を知り、しかしいつまでも変わらない人間を信じる心を持ち続けねばならない」（『はるかな旅をゆく』）と語り、さらに「バレエは人間を厳しく鍛えるもので人間の魂によって創り出す仕事です。だから今の時代に私たちがしていることに価値があると思う。時代がどう変わるかわからないが、わたしたちが日本と中国の間で歩いてきたこの四分の一世紀は世界から見れば一瞬の些細なことかもしれないが、世の中がどんなに変わろうと中国を愛するわたしたちの気持ちは変わらないし、中国の友人に対する愛情はきっと次の代の若者も受け継いでくれると信じている」と語っている。

人々の心を一つにする芸術の力

　また、森下洋子さんも2021年7月の読売新聞のインタ

ビューで次のように語る。

「中国は何千年も前から文化、文明を教えてくれました。戦争という悲しい出来事も起きましたが、松山バレエ団を作った松山樹子先生、清水正夫団長は痛みを背負い、芸術で心と心を結んできました。私が中国で初めて白毛女を踊ってから50年。人々の心を一つにする芸術の力を確信しています。先人たちが命がけで築いた中国と日本の文化を通じた絆を大切にして、平和への祈りを込めて踊り続けていきたいと思います」

清水哲太郎氏は「私ども松山バレエ団、松山バレエ学校は"真・善・美"、（真は誠、善は行為、美はその結果）を根本理念、基本思想として活動し、たくさんの人々に自分自身を奉げるという思いを方針としている」と語り、森下洋子さんも「感謝の気持ちとか、すぐに"ありがとう"と言葉が出るような人間に、大人になって欲しいと思います。そして私たち自身も常に今こうやっていられることに感謝したいです。これは常に自分自身を鍛えないとできないです」と話す。

松山樹子さんはバレエが「日本人には向かない」「日本人には出来ない」と言われ、それを克服して森下洋子さんがヴァルナ国際バレエコンクールで金賞に輝いたように、日本のバレエが世界で認められる基礎を築いた。

見る人が感動するバレエには心が大切と考え、宗教を超えていると言われるほど踊り手の内的向上を大切にした。松山樹子さんは「たとえ舞台にお金をかけられなくても平気、裸で踊ってもいいと思う、ギリシャの女神の

ように」（朝日新聞 1994年4月29日）と語っている。常に精神世界の充足を求めた結果が"裸で踊ってもいい"の言葉だろう。

ルソーが語ったように、利己と虚栄を嫌い人間の本質を見て欲しいという松山樹子さんの、そんな心の叫びが"裸でもいい"の言葉と思う。

清水哲太郎氏も、バレエ芸術は人間としての本質、原理原則、真理を教えてくれるものと言う。

今、松山バレエ団が演じる「白毛女」は清水哲太郎氏が新しく構成、演出をした新「白毛女」である。その新「白毛女」を踊る森下洋子さんは「清水が作り直した〈白毛女〉、これは世界一素晴らしいと思うくらい素晴らしい。作品としてのベースになる踊りと人の心を揺さぶる涙が出るほどの苦しみを乗り越え、人間は前に進む、次への希望が〈白毛女〉には鮮明に出ている。まして中国の昔の時代、その苦しい時代から人間が強くたくましく新しい世界を拓いていく、それが〈白毛女〉には鮮明に出ている」と語っている。

森下洋子さんは70年のバレエ人生で多くの人から教えと叡智をもらった。それを大切にさらに新しいもの、素晴らしいものを学び、松山バレエ団全員で美しい光にかえて届けていきたいと言う。きっとこれからも清水正夫氏、松山樹子さんから受け継がれた松山バレエ団の志と叡智とそこから生まれるバレエは清水哲太郎氏、森下洋子さんから次の世代に受け継がれ、私たちはさらに成長した「白毛女」と喜児に出会えるに違いない。

清水哲太郎氏は「白毛女」は世界の物語だという。そこには女性の苦しみや叫び、虐げられた弱者の声などたくさんのエキスが詰まっているという。きっとそのエキスはこれからも松山バレエ団の後輩たちが受け継いでいくだろう。

　2018年の訪中公演では森下洋子さんが喜児を踊る幕のほかに、山川晶子さんと佐藤明美さんが喜児と「白毛女」となってからの喜児を演じる幕があり、次世代へと受け継がれている。

山川晶子さんと佐藤明美さんからの手紙

　筆者がこの章で明らかにしたいことは「未来」である。それは「松山バレエ団」の未来であり、「喜児」「白毛女」の未来であり、「喜児」「白毛女」が願う平和な世界の未来である。また「白毛女」の一ファンとして未来の「喜児」がどんな姿なのか覗いて見たい思いもしている。筆者がそんな思いでいる中で松山バレエ団の山川晶子さんと佐藤明美さんから手紙が届いた。

　山川晶子さんは松山バレエ団プリマバレリーナ、副芸術総監督・次席副校長で、佐藤明美さんは松山バレエ団プリマバレリーナ、副芸術監督・次席副校長で清水哲太郎氏、森下洋子さんを支えると共に、バレエ「白毛女」を未来に繋ぐ大切な人たちでもある。

　手紙の中で山川晶子さんは次のように語っている。

　「中国のとてつもなく長い歴史の中で、また日本でも、

148

そして世界中がそうであるように、そこに暮らす人々、弱者は、多くの〈白毛女〉でもあり、〈白毛女〉と同じ歴史を歩いてまいりました。髪の白い化け物のようにも見える〈白毛女〉は、本当は心優しい、美しい女性（人間）でありました。その歴史では、命を賭けて〈白毛女〉たちを救って、平和な新しい世界を切り拓いてくれた勇気ある人々の群れがあったのです。人類は、世界中の〈白毛女〉たちを救おうとして、今日まで、奮闘努力してきました。平和を頂いた私たちは、〈白毛女〉や勇気ある人々の奮闘の歴史を忘れてはならないと思います。美しい平和を勝ち取るために、命を賭け、道なき道をつくり、橋を架けて下さった多くの父母たち（先人たち）の深い思いに、何をもってしてもお返しすることのできない御恩を頂いてきたことに思いをめぐらせ、未来永劫この思いを引き継いでいくことを誓いたいと思います。中国は私にとってもふるさとのような、深い思いの大地です。そこで育まれた人間尊厳の一番大切な、無償の愛情の継続を、私たちは文化芸術を礎としてやり続けていきます。中国の皆様、ありがとうございます。日中の先人、先輩に限りない感謝を届けます」

　また、佐藤明美さんの手紙には次のことが書かれていた。

　「松山樹子先生から受け継がれた森下洋子先生の〈白毛女〉の、どんなに虐げられても、決してひるまず、常に前を向いて進む強さ、凛と澄んだ魂の輝き、強い、強い信念は、私の心に深く刻み込まれています。その〈白

毛女〉を、私は幸せなことに2011年、第三次改定演出
新〈白毛女〉の創作過程から経験させて頂き、公演にも
参加して、喜児、〈白毛女〉と主役を踊らせて頂き、勉
強させて頂きました。松山バレエ団のこと、先人、先輩、
先生方の事、中国との関係を改めて深く勉強させて頂く
機会に恵まれたことを、とても感謝しています。若いこ
ろには清水正夫先生、松山樹子先生より、"みんな仲良
くしなくてはだめだよ、ましてや隣国の中国だからなお
さらだ。日本はなんでも中国から教わってきたんだよ、
感謝してもしきれない御恩をいただいてきました"とい
うお話をいただいておりましたが、新〈白毛女〉の公演
を機に、先生方や、先人の皆様が、命を賭けてどんな厳
しい時代、状況の中でも、決して変わることのない大き
な愛を貫いて、中国や中国の人々と友好、友情を深めて
きてくださった歴史を知り、あらためて事の大きさ、深
さに驚愕し、感動致しました。先人の皆様の深い思い、
愛溢れるお心の上に生かされ、平和が築かれていること
を思い、本当にありがたい気持ちでいっぱいです。尊敬
する先人たち、そしてその思いをひきついでいる清水哲
太郎先生、森下洋子先生の深い思いを大切に心に留め、
〈白毛女〉たちの心からの叫び、願いでもある、平和を
ください、世界が平和になりますように、との思いがか
なうよう、クラシックバレエ、文化芸術を通じて、平和
への命を賭けた思いをひきついでいきたく思います」

　筆者はお二人からの手紙を読み、「白毛女」「喜児」は
国を越えて人々をつなぐ底知れない「環」の力を秘めて

150

いることを改めて思い、喜児が「十代喜児」「百代喜児」になり、中国でも日本でもバレエ「白毛女」を観て人々が涙を流す未来の姿が思い浮かんだ。

喜児を踊る山川晶子さん　　「白毛女」を踊る佐藤明美さん

黄土高原の喜児

　松山樹子さん、森下洋子さんが踊る「白毛女」の喜児の眼は「私は今も生きているのよ」と叫び何かを訴えているように思える。では喜児は今を生きる私たち、未来の人々に何を訴え、未来の人々はこれからどんな喜児の姿を見ることができるのだろうか。また松山バレエ団は「白毛女」と共にどんな成長を遂げていくのだろうか。

　本書を書くにあたり松山バレエ団から筆者にある資料が渡された。それは2010年9月18日に公演された大型歴史叙事詩芭蕾舞劇 新「白毛女」松山芭蕾舞団第三次

改訂演出第一回試演会のstory、台本である。そのstory
を読むとあたかも喜児が時空を飛び越え私たちの前にあ
らわれ壮大な叙事詩の中で舞い踊っているようにも思わ
れる。そのstoryには私たちが感動するたくさんの宝物
が備わっている。それは美の本質であり、喜児の心の深
淵に迫り、そこに見る心的強靭さであり、それを表現す
る松山バレエ団の人々の「白毛女」への想いであり、さ
らに今を生きる私たちへの問いかけ、生きる根源的な意
味でもあり、平和への切なる希求であり、さらに平和を
破壊する人間社会への義憤、そして虐げられた人間への
励ましである。

　「白毛女」は喜児を初め黄土高原に暮らす農民が主人
公である。新「白毛女」の構想、storyを書いた清水哲
太郎氏はその中で登場する農民を「大地を愛し、大地か
らいただく天の情愛に万感
の感謝を奉げ、人間として
最も大切な"汗の光"の荘
重さを古代から身体深く学
習してきた」と述べている。
そんな農民に見守られて喜
児は「黄土の大地の上にそ
の神の申し子と言われる玉
のような女の子が生まれ、
たくさんの人々に人間精神
の喜びの尊さを与える児と
して喜児と誇りを持ち名づ

新「白毛女」を踊る森下洋子さん

152

けられた」とstoryに書かれている。

　黄土高原の大地だからこそ、その自然に守られ美しい喜児が生まれ育った。

　黄土高原の喜児を思い浮かべながら、筆者にはある風景が浮かんだ。2021年、筆者は四川省西北部、甘粛省や青海省との境界の阿壩藏族羌族自治州を旅した。そこには黄河が蛇行を繰り返し流れている。黄土高原の西南端付近を流れる黄河に差しかかった時、地元の少数民族だろうか、若い男女が肩を寄せ合い雄大な黄河を前に語り合っていた。なんと素晴らしい光景と思いカメラのシャッターを切ると、振り返り手を振って笑顔で答えてくれた。そんな黄河と恋人たちの姿が今も強く印象に残っている。黄河はそこから再び青海省に入り甘粛省を北上して内モンゴル自治区を流れ、甘粛省と山西省の境界を南下したのちに東に向

きを変えてやがて渤海に注ぐ。黄土高原やそこを流れる黄河はきっとそこで生まれ、暮らす人々の優しい心を育むのだろう。

黄河の恋人たち

私たちへの問いかけ

　清水哲太郎氏は新「白毛女」第三次改訂試演会のstoryで「喜児の人間的内面は普通の生活をする私たち

より鋭角に高次元に人間精神の美しさが野生化した如く光っている。少女であり、乙女であり、女性であり、母性そのものである雪山の喜児の姿は、人間界の余計なものをそぎ落した女性そのものの孤高の女性美」と表現している。それは現代社会に生きる私たちに美の本質を問いかけているようにも思える。

新「白毛女」第一幕では、残忍な地主、黄世仁に姉妹家族のような村の人々が殺され、その追手から逃れる時に、喜児が「あなたたちの苦しみは私が引き受けます。私は決して滅亡しない。生きて、生きて、生き抜く」と誓う場面がある。そして洞窟に籠もった喜児は昼夜の刻印を洞窟に刻み、許婚の大春や自分を救ってくれた張おばさん、村の乙女たちに木霊するような咆哮で「太陽よ、どうか私を連れて行って！喜びと平和のある国へ」と叫ぶ。

新「白毛女」第二幕でたくさんの「白毛女」、喜児が踊る。「白毛女」を踊る一人一人の団員の心の中に喜児が宿り、一人一人が喜児の化身となって「白毛女」は踊られる。

それは今を生きる私たちへの問いかけのように思える。清水哲太郎氏はstoryで、「黄土高原の洞窟の喜児は決して黄土高原だけの喜児ではなく、人類が負ってきた悪業、人類が根絶やしにしてきた"愛"、"誠"、"調和"、"利他"の行為で世界中に多くの、声もだせずにいる世界中に散らばる弱者である〈白毛女〉が生まれている」と記している。

たくさんの「白毛女」、喜児が踊る姿は「全世界の雪山

多くの「白毛女」たち

多くの喜児たち

155

奥深くに追い立てられ、そこまで逃げざるを得ない世界中の喜児たちの魂願」であり、心の共振でもあるだろう。

　さらにその多くの「白毛仙女」の踊りは「私たちが"真善美聖"、"愛"、"誠"、"調和"、"利他"の探求続行に倦んで、乱暴な刺激だけでせっかく醸成しだした宏壮なる人生の葡萄酒を台無しにしてしまう愚を起こさぬよう、清浄新鮮に人類史の〈白毛仙女〉の物語が崩殂せぬよう繰り返し、繰り返しこの〈白毛女〉・喜児の物語を熱く抱きしめる必要があると思います」とstoryで熱く語られ、その言葉は今を生きる私たちの胸に深くつき刺さる。

　新「白毛女」のstoryの底に一貫してながれるのは平和と日中友好への切なる思いである。それは清水正夫氏、松山樹子さんの時代から連綿と受け継がれている。

　「白毛女」は、未来を生きる人々にも「どうか私を連れて行って、喜びと平和のある国へ」と問いかけながら踊り続けられだろう。

アジアをつなぎ、世界をつなぐ歴史叙事詩

　松山バレエ団は2010年、新「白毛女」を公演して後に胡錦涛主席への手紙を書いた。

　その中で新「白毛女」は次のように紹介されている。

　「私達はこの中国の名作〈白毛女〉を世界の古典とすべく改訂し上演いたしました。〈白毛女〉の根底に流れるくるおしく平和の美を希求する人々の叫びと、正しく

前進成長する為なら死をも恐れず嵐に向かう人間達の偉大さ。究極に人類の平和への解放を詠いあげたこの中国の名作〈白毛女〉は、とてつもない巨大な力で今の人類と未来の人々を、真の秩序ある自由の彼方へと導く偉大な歴史叙事詩です」

　また新「白毛女」松山芭蕾舞団第三次改訂演出第一回試演会発表時の挨拶では「人類の宝物〈白毛女〉が文明時代、人種環境を越えて不壊の平和・無尽の平和を創造する一片となり、平和の美の象徴の責任の重責を負い、『必ずAsiaアジア亜細亜はひとつになるであろう』『Eurasiaユーラシア欧亜州はひとつになるであろう』『世界はひとつになるであろう』ことをこの物語が万年の年輪以上に語ってくれると考え披露させていただきたいと思います」と、清水哲太郎氏は述べている。

　清水正夫氏、松山樹子さんから清水哲太郎氏、森下洋子さんにバレエ「白毛女」は引き継がれ、同時に平和への想いも受け継がれて、なお一層その思いも強くなっている。その志はきっと松山バレエ団、世々代々に引き継がれ、歴史叙事詩バレエ「白毛女」はアジアをつなぐ環、世界をつなぐ環になるだろう。

これからの日中友好

　バレエ「白毛女」の根底には無謀な侵略戦争につき進んだかつての日本の軍国主義への憤りと日本人としての謝罪の心がながれている。

清水哲太郎氏は今も侵略の事実を認めようとしない一部の日本の政治家や知識人への強い憤りを持つ。2013年9月の人民日報海外版「特別インタビュー」では次のように語った。「清水正夫と松山樹子はずっと中国を尊敬していました。なぜ日本人はあのように中国の大地をおかし、奪い、中国の人を苦しめたのか、なぜ幾千年も素晴らしい影響を与え続けてくれた中国とアジアに感謝をするどころか侵略という力を使って人間関係を破壊しようとしたのか、私たち日本人である松山バレエ団は芸術というエネルギーを使ってその"負"を"美"にしていくことができないか、自分たちの芸術でもって感謝と謝罪ができないか、いつも深く悩んでいました」と語っている。

　清水正夫氏と松山樹子さんはバレエ「白毛女」を演じることで、中国、東アジアの人たちに真の日本人の正統でまっとうな中国への思いを伝えたかった。その活動の未来は一点から光となり、面となって広がっていくことを信じていた。

　だが、そのような想いを打ち砕くかのように今も日本では、侵略の歴史事実を消し、謝罪を拒み、子供達にさえ歴史事実を歪曲して教育しようとする活動も続く。

　清水哲太郎氏はそんな日本の状況に激しい憤りを持つ。先の人民日報インタビューで「多くの日本人が行為と罪を認め、歴史認識を明快にきちっとするのであれば、私たち文化芸術に携わる者の作品内容は変わり、両国の人間関係の輝きは世界平和に多大な影響を与え、見本手本

となる歴史的バリューを持つ宇宙的深さのある美しい人間精神の顕れとなるはずです。ところが残念なことに日本はそれをしてこなかった。その一番重大な面を隠し、ぼかし、逃げ、混沌の中に投げ入れ、人間の歴史という決して曲げて書き記してはならないことから"意図的に外す"ことをし続けて悪びれもしません。この醜い一国の在り方がいかほど世界の澄もうとする心暖かな善なる人間精神の美しさを粉々に打ち崩していることか。日本の若い人たちに歴史を理解させ、両国の人々が世々代々仲良くしていけるよう、今後も我々は芸術を通じて怒涛のごとくこのことを訴え続けていく決意です」と述べている。

　新「白毛女」の第二幕のたくさんの「白毛女」は「善なる人の道を捨ててはいけない」と私たちに警鐘を鳴らしているのかも知れない。

　筆者はバレエ「白毛女」、そして松山バレエ団が日中友好の根底にゆるぎのない岩盤のようにどっしりと横たわっているのを感じる。岩盤の上の土は、心無い人々により雨や嵐でながされても、その下の岩盤は泰然自若、いつの時代も変わらぬ友好への深い思いを持ち続けて存在しているように思う。

　森下洋子さんも人民日報のインタビューで「私たちは中国から、アジアから、数千年にわたりあまりにも多くの文明の恩を頂いています。私は国交回復の時に、心から嬉しそうに田中角栄さんと握手していた東洋人の代表としての周総理のお顔が忘れられません。この一幕を思

い出すと涙が出てくるのです」と語っている。

バレエ「白毛女」には、松山バレエ団の人々の魂、
「昔日之恩、無以為報」（どんなものをもってしてもかえ
すことのできないほどのご恩を受けております）の中国
への真摯な想いが込められている。

清水哲太郎氏、森下洋子さんは「新中国建国の先人と
日本の先人の皆様が命がけで日中友好の為架けて下さっ
た"背骨の橋"を私共松山バレエ団は大切に引継ぎ、舞
踊の道を歩んでまいりたいと思う」と決意を語っている。

日中友好の岩盤は、どんなことがあろうとも決して揺
るぎはしない。

森下洋子舞踊生活70周年祝賀記念公演

森下洋子さんが今も舞台で踊り続ける姿を見て多くの
人は感銘を受ける。それは見る人に生きる勇気を与える
感動でもある。

中国の森下洋子さんのファン、鄭健強氏は「芸術をた
ゆまず追い求める精神に強い感銘を受けた」と話した。
その姿は同じ芸術の道を歩む人にも大きな励みにもなっ
ている。上海バレエ団団長だった辛麗麗さんは「狂おし
いまでに芸術に全てを捧げる姿に感銘し泣いてしまっ
た」と語った。

この原稿を終えるにあたり、森下洋子さんのバレリー
ナ人生70周年の公演について記しておきたい。

二代目の喜児として「白毛女」を踊った森下洋子さん

は2021年、コロナ禍の中で舞踊生活70年を迎え、11月3日に日本青年館ホールで「森下洋子　舞踊生活70周年祝賀記念公演」が開催された。

　その記念公演で森下洋子さんは、第Ⅰ劇から第XV劇の演出の中の"白鳥"、"聞かせてよ愛の言葉を"、"回転木馬"、"アニトラの舞"、"誰も知らない私の悩み"、"覚悟"、"プロメテウスの創造物 黒い雨"、"プロメテウスの創造物 無言口上"を踊った。

　コロナ禍で人々の困難に寄り添い、困難にも立ち止まらずに進む、そんな思いが伝わるよう全員で心を合わせて公演が行われた。それは、その年の5月に亡くなった松山樹子さんへの追悼の想いを込めた公演でもあった。

松山樹子さんは一音一音に限りなく価値があることを森下洋子さんに教えた。そんな松山樹子さんの想いに報いるように、一瞬に自分の全てを出しきり、白鳥の凛と澄んだ魂の輝きを表現したい、森下洋子さんはそんな気持ちを込めて踊った。

　松山バレエ団から筆者に送られた森下洋子舞踊生活70周年祝賀記念公演のプログラム、storyを見ながら、筆者はそこに森下洋子さん

森下洋子舞踊生活70周年祝賀記念公演で踊る森下洋子さん

の三つの"語りかけ"があるのではと思った。

　一つは70年の舞踊生活を導いていただいた先人への"語りかけ"である。それは「"碑(いしぶみ)参り"先人の魂を再訪」の言葉で表現され、70周年祝賀記念公演に一貫して流れるテーマ、森下洋子さんの強い想いになっている。記念公演の冒頭挨拶文には「芸術界の偉大な先人方の、目に見えない巨大な慈愛は、人間精神の朽ちることのない美しさをこの世に浮き彫りにし、只々、お客様と多くの人々のしあわせばかりを思ってゆく、という見事な生き方を眼前に刻んでくださった」との森下洋子さんの先人への感謝の言葉がある。さらに「先人の限りない"真の所作"に育てられ、養われて数々のことを授かってきた」との言葉も記されている。

　先人の導きに従い、先人の"碑"の前にぬかずくように、先人の想いを心に刻みながら感謝の思いを持ち続けてきたのが森下洋子さんの70年だったのだろう。それが"碑参り"の言葉と思う。またstoryの第Ⅵ劇「回転木馬」には、「人間は永遠に舞台袖に引っ込まない！引っ込んではいけません。ぜったいに」という先人の声も記されている。きっとそれはこれからも"めげず、くじけず、へこたれず"に人生を歩み、舞踊人生を全うしたいという森下洋子さんの決意なのだと思う。

　森下洋子さんは「バレエを通じて平和の道を進んでいく大きな使命がある」と語った。70周年祝賀記念公演のstory第Ⅷ劇「誰も知らない私の悩み」には、「"碑参り"は、地上の地獄は人間が創ってきた。同時に天国も。

162

今すぐ人間が創れる。簡単に、単純に、理屈なしで」と記されている。きっとこの言葉は、私たちへの呼びかけでもあるのだろう。一緒に平和な世界をつくりましょうという森下洋子さんの"語りかけ"なのかも知れない。そして私たちへの励ましでもあるのだろうと思う。

　その第Ⅶ劇「アニトラの舞」には「蚕は糸を吐き、蜂は密を醸す、ひとは学んでやりとげることをやりつくしていかなければ、虫たちにも遠くおよばなくなってしまう」の強い決意の言葉がある。蚕さえも糸を吐く、いわんや汝は……であり、私たちはこの"語りかけ"を心に刻みこまねばとも思う。

　今一つの"語りかけ"は後輩たちへの言葉だろう。バレエ芸術が全霊をもって学ぶ一瞬との闘いであるのと表裏のように、きっと森下洋子さんの70年も一瞬との闘いだっただろう。第Ⅹ劇「覚悟」には、バレエのプロメテウス（バレエ団の先輩方）が「バレエ、舞台芸術は"考えながら踊るものではない"、今の一瞬とひとつになれば、それが芸術芸道なのよ」と森下洋子さんを励まし、伝えてくれた言葉が記されている。きっとその「覚悟」はこれから松山バレエ団を背負い歩む後輩たちに贈る「覚悟」でもあるのだろう。また第三劇「白鳥」では、生涯にわたり原理、原則を学び続け、それを点検し、新しい発見をして、繰り返し実践するという幼い頃からの森下洋子さんの人生の生き方が記されている。

　「原理原則を大切にして、"今"を大切に、感謝で生きる」は森下洋子さんが、後輩の皆さんに一番伝えたい言

葉なのではとも思う。

　筆者は森下洋子舞踊生活70周年祝賀記念公演で演じられた"碑参り"は70年の感謝と同時に、これからの"松山バレエ団の決意"でもあるのではと思う。

清水正夫氏、松山樹子さんを忘れない

　筆者は清水正夫氏や松山樹子さん、清水哲太郎氏、森下洋子さん、そして松山バレエ団の人々と中国との交流を知るにつけ、感動いや心に大きな衝撃すら受けた。

　多くの中国の人々が松山バレエ団の長い年月に及ぶ中国との交流、その中日友好に果たした役割に感謝していると思う。そして清水正夫氏や松山樹子さん、清水哲太郎氏、森下洋子さん、そして松山バレエ団の人々はその感謝に値する友好の歴史を築いた。

　だが、中国との交流を進める日本人で松山バレエ団と中国との交流の歴史を知らない人も多いだろう。筆者の身近な人にも聞いてみたがほとんどの人がそうだった。

　一部の新聞はその活動を伝えているものの、今は日本のメディアは中国との民間交流の報道にさえあまり積極的ではないような気もする。それも影響しているのだろうか。

　今は、中国に関心を持ち、良い印象を持つ日本人が減っている。視聴率を気にするメディアはそんな中国の話題を取り上げることに積極的にならない。非常に残念なことである。

　世界二位の経済大国となった中国に日本からも多くの経済人が訪れる。そうであれば、なおさら中国と関わる日本人は、松山バレエ団の歴史に目を向け、その苦労に思いを馳せることが大切と思う。

　現在の中国との経済交流も、戦後の苦しい時代、国交の無い時代、文化大革命の悲しい時代にも一貫して交流を続けた清水正夫氏と松山樹子さん、清水哲太郎氏、森下洋子さん、そして松山バレエ団の人々が築いた友好の延長線上にある。長い年月をかけて松山バレエ団が築いた路線があってこそ、私たちは中国との経済交流も続けていけるのではと思う。日本人と違い、中国では日本に好意的な考えを持つ人も多い。それは経済やお金だけではない人間と人間の交流、心と心の交流の歴史を中国の人々が理解したからでもあろう。

　松山バレエ団はその懸け橋になった。日本では今も侵略の謝罪を「馬鹿らしい」と発言する恥ずべき政治家すらいる。そんな恥の中においてさえ、中国との経済交流を安心して進められるのもその懸け橋があってこそ、と思う。

　2008年6月、清水正夫氏は病院で入院中にも関わらず、黒い衣服を着て中国大使館を訪れ四川地震で亡くなった中国の人々に黙祷を捧げるとともに松山バレエ団の団員たちが集めた数十万円の寄付を手渡した。清水正夫氏はその直後に入院し、1か月後に他界されている。

　だから現在も未来も、中国と関わる日本人は清水正夫氏と松山樹子さんのことを決して忘れてはいけないと思う。

松山バレエ団への感謝、日本人として

　だから、筆者は松山バレエ団を受け入れた中国の人々への感謝と共に、日本人として松山バレエ団の活動に対し感謝したいと思う。筆者は清水正夫氏、松山樹子さん、清水哲太郎氏、森下洋子さん、松山バレエ団の皆さんに、ただただ頭が下がる思いでこの原稿を書いた。またこれまでの自身の日中友好への意志と努力がまだまだ足りないことにも恥じ入りながら原稿を書いた。

　もちろん日中友好に貢献した先人は松山バレエ団だけには限らない。だが、清水正夫氏も松山樹子さんも、清水哲太郎氏も、森下洋子さんも、松山バレエ団の人たちは、長い年月にわたり、自ら中国に足を運び、舞台で踊り、幾多の中国人と交流し、共に手を携えて日中友好を、身をもって実践した。そしてその交流は経済やお金を求めての交流でなく、芸術文化の美と心の交流である。

　松山バレエ団のような交流があったからこそ、今、活発に進む日中経済交流も救われていると思う。そうでなければ、日本に来る中国人に対し日本人が思う「爆買い大歓迎」に象徴されるように、日本人の中国への関心は、ただお金だけにもなってしまう。

　日中友好は、清水正夫氏や松山樹子さんのような人が支えた。それを中国の人たちが理解してくれている。そう思うと清水正夫氏や松山樹子さん、清水哲太郎氏、森下洋子さん、松山バレエ団の人々に、中国と関わる日本人としてただ、感謝の頭を垂れるだけである。

　清水正夫さんも松山樹子さんも、平和な中国で平和な
バレエを踊れる、そこには主義主張もなく日本人と中国
人、その心の触れ合いがあるだけ、それが当たり前なの
だと思いながら中国での公演を続けただろう。

　松山樹子さんが喜児を踊るトゥーシューズの先には愛
すべき中国の大地があり、一点を見据えたその目は、一
人の人間として、愛する中国の人々に日本人の心を届け
たい、そんな想いを訴えかけているように見える。

　松山樹子さんの心にあったのは、「中国の大地に中国
の旗がたつ」と涙した李香蘭さんの想いと同じ、歓喜と
希望だったと思う。だからこそ生き生きと喜児を演じ、
そして多くの人がその姿を見て涙した。

　清水正夫氏はバレエ「白毛女」は日中両国を結ぶ交流
の橋であると語っている。

　松山樹子さんの足跡を辿りながら、この人はバレエ、
音楽、舞台、映画さらに絵画や小説、何に取り組んでも
偉大な足跡を残したのではないかという思いもしている。

　この著の執筆を終えるにあたり、筆者も過去の侵略戦
争の歴史において中国の人々を苦しめてきたことを深く
お詫びしたいと思う。そして微力ながら少しでも清水正
夫氏、松山樹子さん、清水哲太郎氏、森下洋子さんと松
山バレエ団の皆様が築かれた日中友好の輪を広げ、国際
社会の中でより良い崇高な関係を築いていけるよう、中
国の友人たちと共に努力していこうと決意を新たにし、
筆を置きます。

あとがき

　かつて福沢諭吉は「脱亜入欧」を唱えたが、日中平和友好条約が締結され、中国が改革開放に向かった1980年代から2000年初頭、時代は「脱欧入亜」にも向かったと思う。

　本文中で紹介した『上海ブギウギ1945』の作者、上田賢一氏は『上海パノラマウォーク』（新潮社、1987年）の中で次のように述べている。

　「脱亜入欧から百年、私たちはいまや（脱亜入欧）ならぬ、（脱欧入亜）という言葉が好んで使われる時代に生きている。そして、私たちの旅も欧米が圧倒的多数といった時代は終わり、旅の関心はいまやアジアに向けられている。アジアの旅の魅力は、何といってもその皮膚感覚、身体感覚の心地良さだ」

　その時代、多くの日本人がそんな思いをアジア、中国に抱き、多くの人の目線がアジア、中国に向けられた。筆者もその一人で、アジアに吹く風、中国に吹く風を自らの肌で感じたいと思い、1991年に上海での仕事を始めた。

　『上海パノラマウォーク』ではこんなことも書かれていた。

　「ここでは人々の生活のほとんどが路上で行われている。家の前の路上で、女が炊事をし、そのそばで男が洗濯をし、戸口の横で子供が椅子に腰かけて本を読み、隣どう

しの老人が竹のデッキチェアを寄せ合って話している」

　筆者もそんな風景に魅かれ、暇を見つけて石庫門建築と呼ぶ住宅が見られる老街、下町の路地を歩き、『上海パノラマウォーク』で書かれたように「あらゆる国籍、人種、民族の人間が混然一体となって同居した東洋とも西洋ともつかない不思議な街」、みんなが異邦人であるような上海の街に魅せられた。まさに「異邦人」の歌の子供たちの心、「両手を拡げ、鳥や雲や夢までもつかもうとしている」、そのものだったように思っている。

　だが筆者は次第に中国に向かう風を引き戻す逆方向の風が作用していることを感じ始めた。日本の書店には溢れるばかりの反中、嫌中本が並んだ。狂気的で異常な光景だった。その風は2010年代になり強くなった。「脱欧入亜」は「脱亜入欧」に引き戻されたように感じた。なぜ日本は「脱欧」でなくても「親亜」「親中」に向かえないのか。筆者は書店に溢れる反中本に忸怩たる思いを持ち「仕組まれた中国との対立」という本を書き、反中の裏にある嘘やその動きを批判した。

　日本と中国の経済交流は進み、観光で日本を訪れる中国人は、新型コロナウィルスで一時止まったものの、激増する一方ではある。しかしその反面、以前は多くの日本人が中国の歴史文化に触れるため北京、西安、敦煌などを訪れたが、そんな日本人旅行者も減少を続けている。最近は旅行会社の店頭で中国旅行のパンフレットすら見かけなくなった。

　日中友好は日本人も中国人もお互いの国を知ることか

ら進むと思うが、ビジネス往来はともかく、日本と中国の往来が一方的になりつつあることが危惧される。

　ビジネスの往来も大切とは思うが、それだけの交流は一衣帯水と言われる国同士の本来の姿ではない。経済も文化も観光も双方の人々が行き来し、交流が活発に進んでこその本来の日中関係と思う。

　相手の国を知らない人が増えると、間違った情報にも左右されやすく誤解も増える。

　しかも今、日本では政府内でもメディアにおいても客観的な中国情報や冷静に中国を捉える情報が遮断されて、一般国民が等身大中国をとらえにくい環境にもなっている。そのことからも多くの中国への誤解が生まれている。なかには笑えるような、故意で悪意に満ちた、どうすればこんな馬鹿げた話がながれるのだろうかと首をかしげたくなる話も多い。

　一部のメディアや記者は意図的に中国の問題ばかりを追いかけているようにも見える。

　等身大どころか、2010年以降は誤った情報を利用して中国脅威が煽られ、それが憲法改悪への動きや日本の軍備拡張、米国からの武器購入拡大に繋がっている。

　今、日本国内のアンケート調査では大多数の日本人が中国を良く思わない、の結果が出ている。筆者はそれも右派、右翼知識人、メディアの活動の結果と思うが、日本人が心の底に持つアジア、中国蔑視の感情の現れでもあると思う。

　本文で右翼の反中行動は自身の姿を見たくない、その

心の反動と述べたが、日本人が心の底から中国と向き合い、中国を理解するには、かつて日本人が中国に残したもの、中国で行ったことに真摯に向き合わねばならない。それと向き合うには歴史の箱の重い蓋を開け、中のどろどろとした汚いもの、触れたくないと思うものを自ら引きずり出さねばならない。中にあるのは紛れもない過去の私たち日本人の醜い姿である。だが多くの日本人はそんなものは見たくもない。歴史を知らない、いや知らされていない若者はともかくとしても、日本人が持つその心理が「中国を良く思わない」の心の底に潜んでいると思う。

　ワイツゼッカー元独大統領の「過去に目を閉ざす者は現在も盲目になる」という言葉もある。中国にも「前事不忘　後事之師」という言葉がある。

　一部の日本人には、中国人に接する態度が横柄な人、威圧的な人もいる。欧米人に対してなら決してそんな態度は取らないだろうと思う人もいる。今も中国の話をすると、話も聞かずに"中国なんて"と一言で否定する人も結構いる。そんな人はこの先もずっと「脱亜入欧」を歩むのだろう。操作された情報を頑なに信じながら。

　筆者は政治家も一般の日本人もアジアの国、アジア人の矜持を持つべきと思う。政治信条は「米国への操」から「アジアの国の矜持」に転換すべきだろう。そうでなければ日本の政治は国際社会で評価されず、日本人の魂も宙を彷徨い続けると思う。

　松山樹子さんは「私たちは東洋人であり、そのなかの

日本民族です」と言い、日本人のもつ貴重な日本文化の伝統を、日本人のバレエの創造に生かしていく姿勢でバレエにとりくんだ。作曲家の服部良一さんは日本人としての哀感を大切にしてアジア人として、日本人としてのジャズを求め続けた。政治も米国追従で中国を異質な国と牽制するのでなく、同じアジアの国の視点を持ち、一衣帯水の国として中国をとらえなおすべきと思う。

　そんな時代だからこそ筆者は松山バレエ団の活動には価値があり、バレエ「白毛女」が大切だと思う。バレエ「白毛女」にはいろんな宝物が詰まっている。古典バレエを基礎にした東洋の美、素朴な美の価値、日本人にも生きる勇気を与えた喜児、そんな喜児に涙する素直な心や正義を思う心、平和への願い、それらが錦繍のように編まれた作品がバレエ「白毛女」と思う。何よりも中国人も日本人も区別なく共に喜児に涙した。この涙こそ貴重で中国と日本、その共通の宝物である。

　日本の複雑な政治と社会情勢にあって、日中友好を進めるにはどうすればいいのか。日本の政治に期待できなければ民間外交、文化交流を積み重ね、真の中国の姿を一人でも多くの日本人に語り、知らせる努力が大切と思う。中国に良い印象を持たない日本の世論は情報操作に迷わされているだけ。真実がわかれば日本人は中国を好きになるはずと思いながら根気よく語りかける以外に道はないと筆者は思っている。

　その点においても松山バレエ団の活動には大きな価値があるし、このような時代においてなお輝き続ける希望

の星のようにも思える。

　松山バレエ団は清水正夫氏、松山樹子さんに始まり、清水哲太郎氏、森下洋子さんに引き継がれ、今後、第三世代に受け継がれていく。清水哲太郎氏はどこに行っても清水正夫氏の写真を持ち歩いているという。清水正夫氏の中国への熱い志を自分は引き継ぐのだという気概にも見える。

　松山バレエ団による変わらぬ中国との友好が続けられることを願い、バレエ「白毛女」が次の世代に引き継がれ、喜児が「今も元気で生きているわよ」と目で語りかけながら踊る姿をいつまでも見たいと願っている。

　筆者もこの著の執筆を機に、清水正夫氏、松山樹子さん、清水哲太郎氏、森下洋子さん、松山バレエ団の人々の中国との友好への強い思い、その信念の「爪の垢を煎じて飲みたい」思いにもなった。

　筆者は、一人でも多くの日本人に中国への親しみを持ってもらうために、「感動中国100」（https://kando-chugoku.net/）というサイトをつくり、中国の自然、秘境や街、村を紹介する活動を微力ながら続けている。この著を書きながら清水正夫氏、松山樹子さんから、まだまだ努力が足りないと叱咤していただいたような思いもしている。

松山バレエ団の歩み

　松山バレエ団と松山バレエ学校は1948年1月、故清水正夫、故松山樹子が創立した。また1989年に財団法人松山バレエ団を創立し、現在多くの団員が活躍している。

　松山バレエ学校本部（東京南青山）及び各支部の生徒は団員・教師陣の指導を受け、大きく成長を遂げている。

　松山バレエ団は発足当初より"古典バレエの創造的上演"と"現代バレエの新たな創造"の両輪として活動を続け、数多くの作品を生み、日本国内はもとより海外に向けても積極的に公演を行い、国際間の文化交流を深めている。

　バレエの創作では1953年「白狐の湯」で評価を高め、1955年2月には東京において松山樹子の振付・主演「白毛女」の初演に成功し、1958年には「白毛女」他を持って第1回訪中公演を行うなど、国内外ともに大きな成功をおさめている。

　1957年には「バフチサライの泉」、1960年に「白鳥の湖」、1963年「祇園祭」などの作品を生み出し、日本各地で公演活動を行いバレエの普及振興に努めた。その間に松山樹子は1980年に舞踊芸術賞、1985年に紫綬褒章、1994年に勲四等宝冠賞など、多くの賞を受けている。

　森下洋子・清水哲太郎は1974年にブルガリアのヴァルナ国際バレエコンクールにともに出場し、森下洋子が日本人ではじめて金賞を受賞、1983年に来団したルドル

フ・ヌレエフ氏を始めとする世界のトップ舞踊手と共演
し、世界のプリマ・バレリーナとして活躍。

　その後、バレエ界の代表的存在として、日本芸術院賞、
英国のローレンス・オリビエ賞ほか多くの賞を受けてい
る。又、1997年に文化功労者に選ばれる。

　清水哲太郎は、松山バレエ団総代表として、バレエ団
が上演する作品の演出・振付を手がけ「コッペリア」
「ロミオとジュリエット」「くるみ割り人形」「シンデレ
ラ」などの古典作品に新しい息吹を与えて蘇えらせ、芸
術選奨文部大臣賞他多くの賞を受け、1985年にギリシ
ャ・イギリス公演に成功するなど、その豊かな芸術性は
国内・海外を問わず高い評価を受け、松山バレエ団とし
ても芸術選奨文部大臣賞ほか、数多くの賞に輝いている。
最近では2005年春の叙勲で紫綬褒章を受章した。又、
1988年、イギリス、エディンバラ・インターナショナル
・フェスティバルに参加し、清水哲太郎振付の「ジゼ
ル」と共に清水哲太郎の新作「マンダラ」を上演して絶
賛された。又、1991年1月から2月にかけ日本のバレエ
団として初めてアメリカで公演を行い、ニューヨーク、
シティー・センター、ワシントン、ケネディセンター・
オペラハウスで「マンダラ」「ジゼル」の全幕公演を行
い、ともに大成功をおさめた。1992年日中国交正常化
20周年記念で、北京・上海にて「くるみ割り人形」「シ
ンデレラ」全幕公演を行い更なる日中文化交流を深め、
大成功をおさめた。

　1993年の創立45周年には、記念公演「グラン・ガラ」

を行った。1994年、清水哲太郎演出・振付で初演した新演出「白鳥の湖」は好評を博した。

1997年には、松山バレエ団創立50周年にあたり、「バレエ・バレエ・バレエ」（清水哲太郎、構成・演出・振付＝初演・1997年3月17日）をはじめとして、新「白鳥の湖」「くるみ割り人形」「眠れる森の美女」「シンデレラ」など、年間50回に及ぶ意欲的な公演を行った。

財団法人松山バレエ団は、2013年4月1日をもって、公益財団法人松山バレエ団へと移行し、更に、芸術を通じて社会に貢献できる団体を目指している。

2017年、松山バレエ団創立69周年・日中国交正常化45周年を記念し・新「白毛女」を北京・人民大会堂及び上海で上演、第15回中国公演として、7,000人のスタンディングオベーションに包まれ、大成功をおさめた。

この他、舞台芸術を学ぼうとする若い人材を育てるべく、海外から講師や研修生を招いてバレエの国際交流に大きな役割を果たしている。2021年には、松山バレエ団は創立73年を迎え、又森下洋子は舞踊歴70年を迎えた。

松山バレエ団は、清水哲太郎、森下洋子を中心に、クラシックバレエを通じて社会の方々に喜び、夢、希望、ロマンをお届けできる様、舞台芸術の普及と振興、そして明日を担う若手の育成にも力を注いでいる。

出所：松山バレエ団公式HP 松山バレエ団の歩み
　　　http://www.matsuyama-ballet.com/about_us/history.html
注：掲載スペースの都合により、年号は西暦のみ掲載し、和暦は割愛しました。

松山バレエ団 主な受賞歴

年	賞	受賞者
1957年	文部大臣奨励賞（「バフチサライの泉」）	松山バレエ団
1959年	平和文化賞（「白毛女」）	松山樹子
1961年	文部大臣奨励賞（「オセロ」）	松山バレエ団
1963年	文部大臣奨励賞（「祇園祭」）	松山樹子
1964年	舞踊ペンクラブ賞	松山樹子
1969年	第1回舞踊批評家協会賞	森下洋子
1970年	芸術選奨文部大臣新人賞	森下洋子
1970年	第2回舞踊批評家協会賞	森下洋子
1974年	ヴァルナ国際バレエコンクール金賞	森下洋子
1974年	ヴァルナ国際バレエコンクール銅賞	清水哲太郎
1974年	第6回舞踊批評家協会賞	森下洋子
1975年	文化庁芸術祭大賞（「白鳥の湖」）	森下洋子
1976年	橘秋子賞優秀賞	森下洋子
1976年	石井漠賞	大胡しづ子
1977年	文化庁芸術祭大賞（「ジゼル」）	清水哲太郎／森下洋子
1977年	第9回舞踊批評家協会賞（「ドン・キホーテ」他）	清水哲太郎／森下洋子
1977年	芸術選奨文部大臣賞	森下洋子
1978年	芸術選奨文部大臣賞	清水哲太郎
1979年	橘秋子特別賞	森下洋子
1979年	ジャクソン世界バレエ・コンクール銅賞	安達悦子
1979年	第11回舞踊批評家協会賞	松山バレエ団
1980年	舞踊芸術賞（東京新聞）	松山樹子
1980年	文化庁芸術祭大賞	清水哲太郎
1981年	橘秋子賞優秀賞	清水哲太郎
1981年	第13回舞踊批評家協会賞	森下洋子
1982年	毎日芸術賞	森下洋子
1983年	ローザンヌ・バレエ・コンクール／ローザンヌ賞	吉田都
1984年	ローザンヌ・バレエ・コンクール／ローザンヌ賞	平元久美
1984年	都民文化栄誉賞	森下洋子
1984年	芸術選奨文部大臣賞	松山バレエ団
1984年	第16回舞踊批評家協会賞	松山バレエ団
1985年	第1回服部智恵子賞	森下洋子
1985年	日本芸術院賞	森下洋子
1985年	舞踊芸術賞（東京新聞）	森下洋子
1985年	婦人関係功労者内閣総理大臣賞	森下洋子
1985年	紫綬褒章	松山樹子
1985年	ローレンス・オリヴィエ賞	森下洋子
1985年	文化庁芸術祭賞	松山バレエ団
1985年	第17回舞踊批評家協会賞	清水哲太郎／森下洋子
1986年	第18回舞踊批評家協会賞	清水哲太郎
1986年	邦人舞踊作品ベスト3	清水哲太郎
1986年	ダイヤモンド・パーソナリティー賞	森下洋子
1987年	第3回服部智恵子賞	清水哲太郎
1987年	橘秋子賞／助演優秀賞	外崎芳昭
1987年	第19回舞踊批評家協会賞	松山バレエ団

1987年	民音芸術賞	清水正夫
1987年	文化庁芸術祭賞	松山バレエ団
1987年	邦人舞踊作品ベスト3	清水哲太郎
1988年	第20回舞踊批評家協会賞	松山バレエ団
1988年	第10回ニムラ舞踊賞	清水哲太郎
1989年	第21回舞踊批評家協会賞	松山バレエ団
1989年	ローザンヌ・バレエ・コンクール／プロフェッショナル賞	橋本美奈子
1989年	第1回村松賞 大賞	倉田浩子
1989年	日本芸能実演家団体協議会芸能功労者表彰	松山樹子
1989年	第2回グローバル森下洋子・清水哲太郎賞	吉田都
1989年	橘秋子賞／特別賞	清水哲太郎
1989年	第2回村松賞	平元久美
1990年	朝日賞	森下洋子
1990年	第22回舞踊批評家協会賞	松山バレエ団
1990年	日本顕彰特別表彰	森下洋子
1990年	文化庁芸術祭賞	松山バレエ団
1990年	第3回村松賞	山川晶子
1991年	橘秋子賞／助演優秀賞	朵まゆみ
1992年	第24回舞踊批評家協会賞	松山バレエ団
1993年	第25回舞踊批評家協会賞	森下洋子
1994年	外務大臣表彰	森下洋子
1994年	勲四等宝冠章	松山樹子
1994年	第26回舞踊批評家協会賞	松山バレエ団
1995年	第7回村松賞	佐藤明美
1995年	第27回舞踊批評家協会賞	森下洋子
1996年	第28回舞踊批評家協会賞	森下洋子
1996年	第28回舞踊批評家協会賞／新人賞	佐藤明美
1996年	広島ホームテレビ文化・スポーツ賞	森下洋子
1997年	第29回舞踊批評家協会賞	森下洋子・松山バレエ団
1997年	橘秋子賞／特別賞	森下洋子
1997年	文化功労者	森下洋子
1997年	邦人舞踊作品ベスト3	清水哲太郎
1998年	第30回舞踊批評家協会賞	森下洋子
1999年	第31回舞踊批評家協会賞	森下洋子
2000年	第32回舞踊批評家協会賞	森下洋子
2000年	橘秋子賞／助演優秀賞	金田和洋
2000年	舞踊芸術賞（東京新聞）	清水哲太郎
2001年	第32回舞踊批評家協会賞	森下洋子
2002年	第34回舞踊批評家協会賞	森下洋子
2003年	第35回舞踊批評家協会賞	森下洋子
2004年	文化交流貢献賞	清水正夫・松山樹子
2005年	紫綬褒章	清水哲太郎
2005年	第37回舞踊批評家協会賞	森下洋子
2012年	第24回「高松宮殿下記念世界文化賞」受賞	森下洋子
2012年	広島、中国新聞社 中国文化賞受賞	森下洋子
2023年	橘秋子特別栄誉賞	森下洋子

出所：松山バレエ団公式HP「主な受賞歴」
　　　http://www.matsuyama-ballet.com/about_us/award.html

松山バレエ団 訪中公演の歩み

回	年度	公演場所	演目
第1回	1958年 (昭33)	北京・重慶・武漢・上海	「白毛女」「バフチサライの泉」 「ピーターと狼」他
第2回	1964年 (昭39)	北京・哈爾濱（ハルビン）・ 平壤・南京・上海・広州	「祇園祭」「赤い陣羽織」「火と土の舞」 「日本舞曲集」
第3回	1966年 (昭41)	北京・延安・西安・韶山 （シァオシャン）	「日本太鼓」「日本囃子」（青年友好節参加）
第4回	1971年 (昭46)	北京・西安・延安・武漢・ 長沙・韶山・上海・広州	「白毛女」（新演出） 「沖縄の五人娘」「ベトナムの少女」
第5回	1973年 (昭48)	北京	（松山バレエ団研修員訪中、 　中国舞劇団と合作演出）
第6回	1973年 (昭48)	北京	「民族舞踏」（友好訪中）
第7回	1977年 (昭52)	北京・上海	「古典小演目」（友好訪中）
第8回	1978年 (昭53)	北京・大同・成都・昆明・ 杭州・	「コッペリア」「白鳥の湖」（第二幕 ）「赤い陣羽織」他
第9回	1984年 (昭59)	北京・天津・瀋陽・上海	「ジゼル」「白鳥の湖」（第二幕） 「ドンキホーテ」（清水哲太郎版）
第10回	1992年 (平4)	北京・上海	「くるみ割り人形」「シンデレラ」 （中日国交正常化二十周年記念）
第11回	1996年 (平8)	上海	「くるみ割り人形」 （上海バレエ団支援公演、上海芸術祭参加）
第12回	2003年 (平15)	北京・上海	新「白鳥の湖」 （中日平和友好条約締結25周年記念）
第13回	2011年 (平23)	上海・北京・重慶	新「白毛女」
第14回	2014年 (平26)	北京	「（夢の王国より）letter」 （中国国際文化交流センター成立30周年記念）
第15回	2017年 (平29)	北京・上海	新「白毛女」 （中日国交正常化45周年記念）
第16回	2018年 (平30)	重慶・武漢・鄭州・青島・ 北京	新「白毛女」 （中日平和友好条約締結40周年記念）
第17回	2019年 (令元)	北京・上海	新「白鳥の湖」 （中華人民共和国成立70周年記念）

出所：松山バレエ団公式HP「海外公演」ほか
　　　http://www.matsuyama-ballet.com/about_us/overseas.html

監修 **清水哲太郎** (しみず てつたろう)

公益財団法人松山バレエ団 代表理事 総代表
松山バレエ学校 芸術経営統括責任者
株式会社ザ・ジャパン・バレエ 代表取締役社長
演出・振付家 舞踊家

1948年、松山バレエ団創設者の松山樹子と清水正夫の長男として生まれる。日本において東勇作、松山樹子、モナコにてマリカ・ベゾブラゾヴァ、ニューヨークにてスタンリー・ウイリアムズの各氏に師事。1974年ヴァルナ国際コンクールに森下洋子と出場、ダブル受賞となる。芸術選奨文部大臣賞など受賞多数。2005年には紫綬褒章を受章。現在、松山バレエ団のすべての作品の演出・振付・振付改訂を務めながら、全体を統括し、団長森下洋子と共に積極的な活動を続けている。

監修 **森下洋子** (もりした ようこ)

公益財団法人松山バレエ団 代表理事 理事長・団長
松山バレエ学校 芸術経営統括責任者
株式会社ザ・ジャパン・バレエ 取締役
プリマバレリーナ

1948年、広島市生まれ。3歳よりバレエをはじめ、葉室潔、洲和みち子、橘秋子、シュベッツォフに師事。12歳で単身上京。1971年、松山バレエ団のメンバーとなり、松山樹子に師事。1974年、ヴァルナ国際バレエコンクールにて金賞受賞。エリザベス女王戴冠25周年記念公演など海外でも幅広く活躍。英国ローレンスオリビエ賞など日本人として初となる数多くの賞を受賞。1997年、女性最年少の文化功労者として顕彰される。2001年、松山バレエ団の団長に就任。松山バレエ団プリマバレリーナとしてほとんどの公演に主演する一方、バレエ団の創作活動の要として活躍。日本芸術院会員。

著者 **和中清**（わなか きよし）

株式会社インフォーム代表、経営コンサルタント。1946年大阪生まれ、同志社大学経済学部卒、監査法人、経営コンサルティング会社勤務後独立。1992年に上海に事務所を置き日本企業の中国事業に協力。以後、日本企業への事業協力、本とコラムへの執筆活動を続け現在に至る。
著書は『中国市場の読み方』（2001年 明日香出版社）他多数。『奇跡 発展背後的中国経験』（中国・東方出版社）は国家シルクロード出版事業「外国人が書く中国」プロジェクトで傑出創作賞受賞。

The Duan Press

愛と心のバレエ

ユーラシアの懸け橋に 心を結ぶ芸術の力

2023年10月1日　初版第1刷発行
著　者　　和中 清（わなか きよし）
監　修　　清水 哲太郎（しみず てつたろう）、森下 洋子（もりした ようこ）
発行者　　段 景子
発行所　　株式会社 日本僑報社
　　　　　〒171-0021 東京都豊島区西池袋3-17-15
　　　　　TEL03-5956-2808　FAX03-5956-2809
　　　　　info@duan.jp　　http://jp.duan.jp
　　　　　https://duanbooks.myshopify.com/

Printed in Japan.　　　　　　　　ISBN 978-4-86185-338-8　　C0036

この本のご感想を
お待ちしています！

本書をお買い上げいただき、誠にありがとうございます。
本書へのご感想・ご意見を編集部にお伝えいただけま
すと幸いです。下記の読者感想フォームよりご送信く
ださい。
なお、お寄せいただいた内容は、今後の出版の参考に
させていただくとともに、書籍の宣伝等に使用させて
いただく場合があります。

日本僑報社 読者感想フォーム

http://duan.jp/46.htm

日本僑報電子週刊 メールマガジン 登録無料

http://duan.jp/cn/chuyukai_touroku.htm

中国関連の最新情報や各種イベント情
報などを、毎週水曜日に発信しています。

日本僑報社ホームページ http://jp.duan.jp

日本僑報社 e-shop
中国研究書店 DuanBooks
https://duanbooks.myshopify.com/